有温度的执法

——110次出警纪实

李建　著

群众出版社

图书在版编目（CIP）数据

有温度的执法：110次出警纪实/李建著．—北京：群众出版社，2019.4

ISBN 978-7-5014-5932-2

Ⅰ.①有…　Ⅱ.①李…　Ⅲ.①行政执法-案例-中国　Ⅳ.①D922.115

中国版本图书馆CIP数据核字（2019）第037744号

有温度的执法

——110次出警纪实

李　建　著

出版发行：群众出版社
地　　址：北京市丰台区方庄芳星园三区15号楼
邮政编码：100078
经　　销：新华书店
印　　刷：北京市泰锐印刷有限责任公司

版　　次：2019年4月第1版
印　　次：2023年9月第4次
印　　张：9.5
开　　本：880毫米×1230毫米　1/32
字　　数：200千字

书　　号：ISBN 978-7-5014-5932-2
定　　价：45.00元

网　　址：www.qzcbs.com
电子邮箱：qzcbs@sohu.com

营销中心电话：010-83903254
读者服务部电话（门市）：010-83903257
警官读者俱乐部电话（网购、邮购）：010-83903253
公安业务分社电话：010-83905672

前　言

每个人的工作经历都代表着一段历史。我的父亲在 1949 年 8 月参加了公安工作，他是北京公安学校 1951 年第四期毕业生，所以他常常给我讲述新中国成立初期公安工作的内容和特点，以及一些典型的案例，尤其是他作为“政治保卫”工作者参与的一些“大案要案”的侦破工作。他也曾经多次立功受奖。随着老人的突然离开，那些没有来得及记录下来的珍贵的历史资料，便成了我永久的遗憾。

北京从 1996 年开始实施 110 接处警工作，作为一名基层民警，我经历了 110 指挥中心从无到有、从小到大、从不完善到基本完善的 20 余年发展过程。110 接处警工作是新时期改革开放顺应民心的一件新生事物，切实拉近了人民群众与警察的距离和关系。“110”是人民群众的保护神，是打击犯罪的桥头堡，是我们为人民服务的一座桥梁，是展示公安形象的一个窗口，每个民警也都是公安队伍的一张“名片”。

“小之大，重之端”，我就是 110 接处警岗位的一名“工匠”。在处置各类 110 报警工作中，民警需要有丰富的公安素养，执法中，要有胆有识、有勇有谋，应该同医术高明的医生一样，“对症下药，药到病除，不拖泥带水”；做到“快速到达现场，快速反应判断，快速采取措施”。我于1979年12月参加公安工作，系统地学习过法律知识，又有处置各类治安案件的工作经验，所以在处置各类110报警时比较得心应手。作为一名基层民警，我有义务努力让人民群众在每一起案件的处置中感受到公平正义。

2009年，我被北京警察学院聘请为兼职教官（2013年9月8日，北京市公安局在“教师节表彰大会”上表彰了20名优秀兼职教官，我荣幸地成为唯一一名被表彰的来自派出所的兼职教官），为学生讲授“110常见问题的处置方法”，这项工作使我对接处警工作有了更深层次的认识和理解，故于日后发表了多篇关于110接处警工作的论文和案例分析文章。

2014年3月3日，新浪网发布图片故事：治安民警李建——管的就是琐事，用16张图片和几段文字讲述了我的工作生活，为大家展现了一名普通治安民警的工作状态，这时，我灵光乍现，不如把这些“琐事”记录下来！

于是这些年来，我从亲身经历的上万起110报警中遴选出110个有趣味的、典型的，有故事情节、有教育意义的执法案例，有一定的示范作用，犹如一幅110个民警直面社会矛盾的执法画卷，以飨读者。

我在实际工作中，常常感觉我们离人民群众的期望还有一定差距，规范执法在路上，从理论到实践的路还很长。因此，我愿意“抛砖引玉”，为公安工作的法制建设“添砖加瓦”。

文中“马后炮”的部分主要写了一些对群众的提示，以及自己对某个案例的“感悟”和一些意犹未尽的感想。

本书在撰写过程中由于能力和水平有限，以及我在出警工作中难免存在一些瑕疵、不足和不妥之处，恳请广大读者批评和指正！感谢所有支持我的人们，没有你们的帮助，也没有这本书的成功出版。

李建

2018 年 12 月 21 日

目录

刑事案件

治安案件

各类纠纷

其　他

‖ 刑事案件 ‖

1 触目惊心的现场

在一个春暖花开的日子，上午 9 点多钟，我们刚在海龙警务站处理完一个报警，稍微休息一下，正准备离开之时，接到了市局指挥中心的紧急指令，内容是附近某大厦二楼西侧有人被砍伤。恰巧该地点就在我们所在的警务站附近，不到一分钟，我和老陈还有辅警小张就赶到了大厦二楼的西侧。围观的群众里三层外三层地将现场紧紧包围，他们看见我们来了，自动让出一条通道。眼前的一幕让我们惊呆了，只见柜台旁一个身高一米八左右、身材魁梧的小伙子头皮绽开一个大口子，鲜血直往下流，他用一块花色毛巾捂着头部。

情况不明，我必须迅速了解清楚，然后才能够采取相对应的措施。

我问他："这是怎么回事啊?"

小伙子说："我是修电脑的，旁边店铺里一个叫马××的也是修电脑的，我的店生意比较好，他觉得是我抢了他的生意，这个矛盾由来已久了，刚才他又为这个跟我吵起来了，之后他用刀砍了我几下就跑了!"

我说："你需要马上去看病，打'120'了吗?"

他说："没有。"

这样的严重外伤，必须进行急救处理。

我拿起手机拨打了"120"（印象深刻，这是我平生第一次打

“120”）。电话通了之后，我马上告知急救中心我们的地址，而且告知他们有人被砍伤了，希望他们尽快赶到予以处置。

开始我以为，接下来会一切顺利地处置这起事件。

可是，下面的发展却出乎意料……

我急切地对小伙子说：“好了，基本情况我们已经了解了，先带你去医院看病，然后我们再想办法去抓砍你的马××”。

说时迟那时快，小伙子仿佛又想起了什么，用一件衣服简单包扎了一下伤口，顺势抄起旁边的一把椅子，要往三层冲，我们赶紧上前拦住小伙子。

我说：“你要干什么？”

小伙子说：“马××的女朋友就在三层上班，这事儿跟她也脱不了干系，我们之间的事她没少从中作梗，我要找她算账去！”

我说：“别冲动，身体要紧，你先和我们去医院看病，现在看病是关键呀。”

小伙子极度亢奋，根本不听我们的劝阻，抄起一把椅子，直接坐旁边儿停着的直梯冲上了三楼，我们也跟在他后面到了三楼。刚走出电梯，我们就看到小伙子和一位女士（肯定是马××的女朋友）在一个柜台前面吵了起来。两个人互相争吵了有两分钟，互不相让，小伙子也没有对她实施武力攻击。

随后，他转身用被鲜血浸染的衣服在柜台的玻璃隔板上乱画起来，弄得到处是血，嘴里还嘟囔着说：“没事，流点血死不了人。”

我一直在思索，对于这样的受害人该如何劝说？如果他是犯罪嫌疑人，倒是好办了，直接采取强制措施就行了，但他作为受害人，却做出这么不理智的举动，使我有点不知所措，这是我从警多年以来从没有见过的事情，看来现在，只能对他好言相劝了。

我见情况不妙，赶快拉住他，并急忙对他说道："你要理智一些，虽然你是受害者，但如果再这样不听话，我可要对你'来硬的'了，你的家人可不想看到你这么斗气吧？现在看病是第一位的，其他都好办，你明白吗？"

小伙子仍旧很亢奋，还对我说："我这里修的电脑，不少是你们公安机关的，你们一定要处理好这件事，不然就没完。"我听了之后，赶紧迎合他说："好好，你放心吧，你现在赶快上医院看病，这个是第一位的。"

听到这儿，小伙子一怔，也逐渐清醒、明白过来了，没有了刚才的亢奋劲儿，也可能是经过这么一折腾，的确也累了。

小伙子一边听我讲着道理，一边被我和老陈拉着走到了一楼。此时，之前我叫的 120 急救车也赶到了现场，停在了大厦门口。我们三个人护送小伙子上了急救车，随后我记录了小伙子的联系方式，并嘱咐他："看完病马上去派出所报案，我们再想办法抓住砍伤你的马××。"救护车急速驶离了。

前前后后，处理这个报警用了半个小时左右，整个过程我就像足球场上高速带球的前锋一样，每一分每一秒都处于紧张状态。这个时候，我们如同打了一场大仗一样疲惫，看见急救车开走了，终于都松了一口气。

我看着自己警服上沾染的血渍，赶快回派出所换了一身警服，准备下一个出警了。

过了几天后，我在派出所的大厅里遇见了这位小伙子和他的女伴，估计他正在同民警协商怎么能够抓到马××等事宜。

他头部还包裹着白色的纱布，我走过去问他："那天干吗那么不听话？我们是过去帮助你的，你怎么反而对我们横加指责呀？"

他不好意思地说："那天我的确不理智，也不冷静，您不要生气，也不要计较，是我不对。"

我说："事情都过去了，好自为之吧。"然后我便转身离开了。

这件事，马××肯定是构成故意伤害罪了，光天化日之下敢持刀行凶，必将被绳之以法。

【马后炮】

派出所民警面临的不仅是一些小矛盾、小纠纷，时常也会面对急难险重的警情，这就更加需要出警民警具备良好的心理素质及妥当的处置策略和应变能力。对于这类警情，就是要体现一个"快"字，快速到达现场、快速了解情况、快速予以判断、快速处置，毕竟其是关系到群众生命安全的危重警情，必须处置得当，不能够出现纰漏。

2 本是同根生　相煎何太急

腊月的一天早上7点多钟，寒风刺骨，中关村作为全国知识与人才最密集的地区之一，在上班高峰时段，必然是人潮涌动。一大早，我们接到一个群众紧急报警，说在中关村某大厦门前，有人正持刀打架，请民警迅速来处置！

大厦地点就在我们派出所斜对面的不远处。我们驾驶警车很快到达了现场。下了警车，我看见路旁已经聚了不少围观的群众，轰散围观群众后，我看见一个穿着白色工作服的中年男人躺在一辆卖早点的三轮车前面脏兮兮的冰冷的地上，痛苦地捂着胸口，一名妇女坐在地上搂着他。

妇女大声地用家乡话对我喊道："警察，警察，赶快救人啊，我老公被扎伤了！"

我忙问："打'120'了吗？"

妇女带着哭腔说："打了，还没有到，急死人了！"

我随即用手持的电台向分局勤务指挥处汇报了情况："我们已经到达现场，正在处置，详情续报。"并请求他们催促120急救车，火速到现场救人……

他们同急救中心沟通之后转告我，急救车正在往这里赶来，但因为堵车，要稍微晚一会儿才能到。

我向这名妇女问道："到底发生什么事了？你跟我说说呀，是谁扎的你老公？"妇女说是另外一个卖早点的人扎伤了她老公，现在人已经跑了。

躺在地上的中年男人皱着眉头，一脸痛苦难耐地捂着自己的胸口。我能够感觉到他伤得肯定不轻，他媳妇儿无奈地让他靠在自己身上。

此时，在人来人往的路边儿，我看见一个左侧额头上正往下渗血，穿着白色围裙，胳膊上戴着白色套袖的蓬头垢面的中年男人，在两个小伙子中间并排走着，从30米外的对面向我们走过来。坐在地上的妇女抬头看见他们，指着中间那个男人大声告诉我："就是他扎的！"

我迎着他们走了过去，连忙问道："刀在哪？"男人把一把已经断成两节的红色塑料水果刀递给了我（从折断的水果刀可以想象一下扎人的力度）。我赶紧随手将自己兜里的证物袋拿出来将刀包好，刀是本案的主要证据，上面有血迹和指纹。然后我问他：“你脸上的伤是怎么回事？”他指着身边的两个小伙子说：“是他们两个打的！”我看了看他的伤势，是眼眶部位被打，绽开了一个两厘米左右的口子。

我问这两个小伙子：“你们是干什么的？”他们告诉我，他们一个是躺在地上被扎伤的人的儿子，还有一个是他侄子。我听明白了，这三个人都是此案的相关人员。

我问两个小伙子：“用什么打的人？”他们说是用拳头。

我观察了一下，三个人手上都没有拿着其他东西。我问他们：“身体上还有东西吗？”三个人都摊开手说：“没有。”

我直接让他们三个人上了我们停在路边儿的警车，我们所里的一个同事正巧在上班路上，看见我们处置此事，问我：“需要帮助吗？”我告诉他，上警车帮着看一下人就可以了。

这时候，120 急救车也赶到了现场，将躺在地上的受伤中年男人抬上急救车，我要了急救医生的联系电话后，驾车拉着三人回到了派出所。

到了派出所，我们将他们三个人带到了值班室，听过他们三人的一一叙述后，才了解到事情的原委。

原来，三年来两个早点摊一直在为争抢生意而斗气，素有矛盾，积怨已久。

刚才早上 7 点左右，被扎的中年男人叫来自己年轻的儿子和侄子，他们三个人一起将正在附近不远处卖早点的男人用拳头打了一顿，把他的头都打出血了。这下可把他打急了，出于自我防卫，他挥舞着水果刀将打人的中年男人的胸部扎伤了，双方这才停止了打斗。扎了人的男人看到后果严重，想跑，却被打他的两个小伙子按住了。出现这样的结果，也是这几个人意料之外的。

最后，这三人经过细致全面的调查取证工作，按照寻衅滋事罪被警方刑事拘留，受伤的中年男人自己花了5万多块钱治病，过了两个月才基本痊愈。出院后，也因寻衅滋事罪被警方刑事拘留。一件小事，导致四个人被追究了刑事责任，这是何苦呀！

这就是一个小矛盾引发的后果，生活本身都不容易，本是同根生，相煎何太急。

【马后炮】

城市的发展需要大量的建设者和服务者，这些凭借自身技能留在大城市的打工者们更需要增强法制观念，只有懂法，才能正确认识和理智地应对市场竞争，这种靠拳头解决问题的方式方法毫无法律依据，是欠思考的表现。对这起案件的四个涉案人员来说，这次教训是惨痛的，希望他们可以吃一堑长一智。

3 打群架的年轻人

深秋的一天凌晨2点多钟，夜深人静，气温低至10度以下，这个时候出门，谁都会感觉比较冷。这时，正在值夜班的我们接到指令称，中关村某歌厅门前有多人打架。接到报警后，我们迅速赶到现场。

下了警车，我们走到歌厅门前，看到地上撒满了玻璃碴儿。在微弱的灯光映照下，左边儿的空地上躺着八九个人，头破血流地翻动着身体呻吟着，有人大喊着："警察，来救救我！"右边儿的地上也躺着五个满脸痛苦的人。

我打开警用手电筒，照了一下现场，看了看他们。

在这两伙人中间，有一个小伙子愁眉苦脸、手足无措地站在那里。

见现场情况比较严重，需要救治的受伤的人比较多，我首先用电台向分局110勤务指挥处向派出所值班室汇报了现场情况，请求进一步增派警力到现场进行支援。与此同时，我们一边用执法记录仪记录现场情况，一边给120急救中心打电话，讲明伤员情况与所在地址，并催促急救车尽快赶到。

在等待增援警力到达现场的时间里，我将唯一站着的小伙子拉到一旁询问，对事件过程进行了初步了解。

原来，这个小伙子是附近一家餐厅的厨师，今天过生日，他请几个餐厅同事，也就是躺在现场右侧地上的五个人，下班以后一起到歌厅唱歌。

他们刚才在歌厅里面喝了不少酒，玩得尽兴的六个人刚唱完歌走出歌厅的时候，遇到了在另一家餐厅工作的几个厨师和服务员，他们也是刚刚玩得尽兴后正欲离开歌厅，也就是现场侧地上躺着的八九个小伙子。由于双方人多加上都喝了不少酒，在相互搀扶着走出歌厅的过程中发生了碰撞，并因此引发了口角。

在酒精的作用下，两伙身强力壮的小伙子都瞬间失去了理智，互相抄起了放在歌厅门口啤酒箱里的空啤酒瓶子打斗了起来。在酒瓶的“助力”下，没用多久双方参与斗殴的人便纷纷头破血流，也许是鲜红的血液让酒精带来的亢奋稍微减弱了一些。打架的两拨人逐渐恢复清醒，并分拨躺在了歌厅门口的地上。而在这两拨“大厨”中，只有这个过生日的小伙子没有参与打架，也没有受伤。

很快，派出所的支援警力以及五六辆救护车先后赶到现场，现场一片忙碌——医生忙着处理伤情，警察忙着调查取证，派出所的值班所长现场指挥，大家有条不紊地进行着各自的工作。不一会儿，伤势较重的伤员被救护车全部拉走了，现场没有受伤的小伙子和对方两个伤势较轻的不需要去医院治疗的小伙子，被我们带回了派出所。

经过调查，当天过生日的小伙子的确没有参加斗殴，而两个伤势较轻的人则是在拉架过程中被误伤的。

几天后，这些人在医院接受治疗完毕，基本无大碍的几名参与斗殴的厨师和服务员，依次被传唤至派出所。其中八个小伙子因参与斗殴事实清楚、后果严重，加之情节和影响恶劣，被警方以涉嫌寻衅滋事依法刑事拘留了。

本该开开心心的生日 Party，却因为饮酒过量难以控制自身行为将自己和朋友“玩儿”进了看守所，真是不值当呀！

【马后炮】

对这些远离家乡和父母在北京工作的年轻人，业余生活如何安排，用工单位应该认真负责，真正负担起监督、管理的职责，而不是走形式、走过场；还应将法制教育纳入日常管理的范畴。否则，一旦员工出现违法乱纪的行为，作为管理方的企业声誉也将不可避免地受到损害。我个人建议，用工单位也应该承担连带责任，不能让这些年轻人处于失控状态，成为社会不安定因素的一部分。因为这一次冲动，使这些人被刑事拘留，也改变了自己的生活轨迹，是多么得不偿失啊！相信他们冷静之后，也会深深地懊悔。

4 贪与贫

2006 年中秋节的中午 1 点多钟，一个中年女子独自到某大型超市购物，走进人来人往的购物通道时，前面的一个小伙子掉了个钱包，但他好像并没有发现，仍继续往前走。中年女子右边儿的一个中年大叔紧走了两步，把钱包捡了起来，打开看了看，里面有厚厚的一沓百元人民币，随后他看了看一直在关注着自己的中年女子，走过去对她说："就咱们两个人看见的，一起给分了吧。"

中年女子看了看他，犹豫了一下，中年大叔劝她说："咱们到外面说说吧？"

中年女子大概也突然起了贪心，如果这时她一走了之，也就没有后来的事情了。

她随着中年大叔走出了超市，来到了不远处的一家小咖啡店。两个人坐下来，中年大叔买了两杯咖啡，放在各自的面前。中年大叔喝了一口咖啡，掏出来钱包，并将那沓百元纸币拿出来，一边数钱，一边和她闲聊起来。

中年女子这个时候已经放松了警惕，也拿起了咖啡，抿了一口。不到1分钟，她就感觉自己头开始晕了，很快，她的头就垂在桌子上动弹不得了。她隐隐约约能够感觉到有人摘自己的耳环、金戒指、金项链，但自己意识模糊，反抗不了，过了10分钟左右才清醒过来，这时发现手机、钱包果然都不见了，随后打“110”报了警。

我们把在咖啡厅的中年女子接回了派出所，我在值班室接待了她。

这位中年女子是某幼儿园老师，北漂十几年了，是一位单亲妈妈。

她同我详细叙述了整个过程，也深深地自责，是自己贪心才上当的。

我们只好带着她去了咖啡店，可是那里却没有监控探头。当时监控探头的成本比较高，因此还没有普及，这给我们下一步工作带来不少难度。接着我们又去了超市里面，通过监控探头，才找到了不少画面，为破案提供了帮助。

我们整理好材料，上报给了刑侦部门，他们通过串并案，很快发现了线索，经过大量的排查工作，最终将这个五人诈骗团伙抓获了。

【马后炮】

没有了贪心，便能减少上当受骗。现实的经验告诉我们，“贪没有成功，便成为了贫”。这类案件中所用的是改革开放之初就有的捡钱分钱的诈骗手段，以及换美元切汇、假金表、金首饰等诈骗手段，一些人总是梦想着天上掉馅饼，不劳而获，也就是贪心作怪，骗子正是利用这些人的贪心，设计了犯罪手段，“苍蝇不叮无缝蛋”，就是这个道理。

5 盗窃科学家手印的案件

在中关村知春路街道，有一个用黄铜精密铸造的2米多高、3米多宽的书形城市雕塑，它的上面铸有生活在中关村的王选等64位院士以及其他著名科学家的手印、格言和一些革命领袖的科学论述。例如，王选院士的“想象力与求实精神相结合”；王大珩院士的“传承辟新，寻优勇进”等。“科学家手印手迹墙”已成为北京又一道亮丽的文化风景。

本来是一个为了表彰科学家，在科学上提倡科学的行为，可没有想到的是，这些铜手印却遭到了小偷的垂涎……

2004年12月12日，星期天，早上8点半，我刚刚来到派出所值班室接班，就接到五六个路过此地的群众的报警，说看见此雕塑上，一些手印被盗了，因为在翻开的书形的雕塑上，露出A4纸大小的空洞是非常显眼的。

我们负责出警的民警很快到现场看了看，的确情况属实。民警回来后，我们同值班所长和警长商量了一下，因为无法提供进一步的工作线索，包括监控录像与目击证人，只好决定把派出所监控室的监控探头对着雕塑，并嘱咐监控室值班人员，重点观察一下这个位置，因为雕塑一共有 64 块科学家手印，小偷上次偷了 10 块，估计他们很有可能会再来盗窃。

我们只好这样守株待兔地等着小偷上钩了。

转眼到了晚上 12 点多，北风呼啸，外面可冷了，监控室的值班辅警小刘急匆匆地跑到了派出所值班室，跟我说："李哥李哥，我看见雕塑上有人正在实施盗窃！"

我急忙拉响了派出所紧急集合的铃声，楼上五六个民警跑着下来了。我们讨论了一下现场情况，大伙又准备了手铐等警用装备，在武所长和焦警长的带领下，他们开着警车快速驶往离我们大约一公里的现场。

与此同时，我赶快来到派出所的监控室，看见监控中两个鬼鬼祟祟的人正在雕塑上忙来忙去，估计还没有盗窃完。过了不到五分钟，就看见两个人慌忙地跑了下来，我估计民警到了现场，正在抓捕他们呢。

没过一会儿，我们民警押着两个垂头丧气的小伙子进了派出所大厅里面，并将两个人分别进行了审问（焦警长把其中一个小伙子带到楼上审问去了）。

在监控室门口，武所长问其中一个小伙子叫什么，他说他叫陈×军。武所长又问："你们两个认识吗？"他说："不认识。"武所长说："可能吗？不认识一起盗窃？"他沉默不语了。

武所长叹了口气，笑问道："这东西你都敢偷，你知道科学家与国家领导人是什么关系吗？"陈×军说："不知道。"武所长吓唬他说："他们都是哥们儿，一会儿发话把你给枪毙了。"

我在一边儿听着，差一点儿乐出了声儿。

后来经过审问，他们承认了犯罪经过。原来，两个人是老乡。主犯陈×军以收废品为生，2012 年 12 月 10 日，他一个人盗窃了雕塑上的四块手印，卖了 300 元人民币。第二天，又盗窃了六块，卖了 500 元人民币。第三天，他叫上老乡李×，又盗窃了七块。总共 17 块手印（鉴定价值为 21038 元），陈×军自己盗窃的那 10 块手印，卖给了在朝阳区某地收废品的饶×，因为它是黄铜制品，卖了 800 元。陈×军同李×今晚共同盗窃的七块手印还没有卖出。

忙碌的武所长带着全班人分工负责，有办理法律手续的，有带领犯罪嫌疑人去朝阳区抓获收购赃物的人的，还有准备做赃物价值鉴定的，等等。

第二天早上 5 点多钟，武所长带人去了朝阳区某地区，将收废品的饶×带了回来……

在派出所大厅，我看见了满脸委屈、垂头丧气的收购废品的“破烂王”饶×福，估计他也没有想到，自己收购的 800 多元废品，竟然是知春路雕塑上的十块科学家手印，并因此把自己送进了看守所，送上了被告席。

我在派出所值班室工作，因为坚守着电脑和电台见证了同事们忙忙碌碌的工作过程，他们就如同一台台精密仪器，不停地运转，直到得到答案。

上午 9 点整，我准备交班，下班休息了。

可是，大家伙忙碌了一夜，拘留他们的手续还没有完全准备好，直到上午 11 点多钟，才将三个人犯罪嫌疑人送去了看守所。

后来，海淀检察院对陈×军、李×以盗窃罪，对饶×福以收购赃物罪提起了公诉。

三个人在法庭上对自己的犯罪行为供认不讳，最终，他们受到了应有的法律制裁。

最近我又路过知春路时，发现这个雕塑已经不复存在了，看来，社会发展变化快，这件事与这块雕塑已经成为往事。

【马后炮】

这样的盗窃类报警我们接到过不少，这些小偷简直无所不偷，工地的铁卡子和木头、一些单位门口的荣誉铜牌、下水道的井盖儿等，还有一次居然把交通队高达6米的指示牌给盗窃了，所以说，这些公共设施往往能成为他们盗窃的目标。这样一群人，盲目来京，没有文化，又没有一技之长，为了生活，无所不用其极。“仓廪实而知礼节，衣食足而知荣辱”，他们如果都吃不饱饭，自然也顾不上什么礼义廉耻了。

6 老年人买保健品被骗的报警

2006年春天的一天上午10点多钟，我们接到中关村某小区一个老两口的报警，称他们被骗买了假药，希望民警予以解决。我们民警很快到了小区里面，找到了他们。

老两口说，几天前他们去郊区的一个宾馆听了一个健康讲座，买了一些据说是能调节植物神经的药品，回来后感觉可能上当了，所以报警求助民警。我们民警听了叙述，感觉情况比较复杂，就将他们带回了派出所。

老两口过来后是我接待了他们，两人都是瘦瘦的、个子不高。老爷子坐下后，拿出来一个离休证，我看了看，老先生 90 岁了，离休之前是某研究所副所长，高级研究员，老太太 86 岁了，也是有文化的人。

老两口喋喋不休地说起了被骗的经过。

原来，两人最近几年陆陆续续买了人家上门推销的一些保健品，也吃了一部分，没有感觉特别好，也没有特别不好，所以近一年就没有再买过保健品。

前几天，他们接到一个邀请他们去听健康讲座的电话，于是第二天，两人和其他几位老人在小区门口坐大轿车去了郊区的一个宾馆。听了一个讲座之后，组织者把他们分头请到包间里面，一人赠送了一小袋大米，推销了一种可调节植物神经的保健品，四盒一套，包装精美，800 元人民币一小盒。老两口一合计，觉得接受了人家的大米，自己不买不好意思，自己的确睡眠不太好，况且价格也能够接受，就买了一套，一共四盒，交了 3200 元。可是买回家后，发现保健品上一个中文字都没有，也看不到任何标识感觉上当了。

我接过老两口拿来的保健品看了看，包装的确很精美，上面都是英文我又反反复复，仔细地找了找，的确没有一个中文字，也没有任何标识符号。

我问他们："开发票了吗？"他们说，没有。"记得当时去的是什么地方的宾馆吗？"他们说，想不起来了。"一起去听讲座人，认识吗？"他们说，不认识。"邀请您去听讲座的人，她的电话号码有吗？"他们说，家里座机电话里面，可能有。我最后问道："您的儿女知道这件事吗?”他们说，儿女在国外，不知道。

老两口的确岁数大了，具体情况基本上一问三不知，只能够笼统地说出自己被骗的经过，而且他们是自己自愿购买的保健品，定性为诈骗犯罪有很大的难度。我们只好记录一下材料作为备案了。

我个人认为这件事应该构成诈骗了，因为拥有构成诈骗罪的主客观要件，只是这件事调查取证的难度比较大，还需要更为详细、明确的线索。

【马后炮】

这些犯罪分子都是高智商的人，他们设计犯罪手段，规避法律的制裁，比如，他们以组织健康讲座为名，推销保健品和一些假冒伪劣的药品，欺骗老年人购买。他们非常会忽悠老年人，并夸大保健品的功效，让老年人认为保健品可以替代药品治疗疾病，从而上当受骗。我们派出所在某酒店曾经抓获了十几名犯罪嫌疑人，起获了他们的账本以及其他证据，将他们绳之以法。

以前，某公司以植树造林为名，诈骗了 30 多亿元资金，如今，出现了不少以理财为名经营贵金属等金融诈骗行为，还有一些培训机构，吸引人们报名交费后便跑路，这些诈骗手段屡见不鲜。

所以我建议：随着时代的发展，成立打击设计犯罪行为中心，将这些设计犯罪的行为扼杀在摇篮中刻不容缓，不要等到这些犯罪发生才予以治理，这样工作才能处于主动地位，从源头上解决问题才是上策。

‖ 治安案件 ‖

7 处置酒后闹事现场

2015 年 7 月初，一个雨后的傍晚，我刚接班就接到一个报警，称辖区内某小饭馆里有人耍酒疯，我们一车三人立即赶到现场处置。

到了现场，只见仅 20 多平方米的小饭馆内，桌椅被掀翻了几个，损坏的盘子、碗筷铺满一地。饭馆门口一个中年男子躺在地上，不知所云地胡言乱语，另一个中年男子站在边儿上，两人都满身酒气。周围聚集了很多围观的人，因为刚刚下过雨，地上很泥泞。

餐厅的老板叙述了整个过程：当天老甲（北京人，无业）和老乙（外地人，回收废品的）俩人从中午一直喝到晚上 6 点，一口气干掉一瓶二锅头、十几瓶啤酒。老乙喝得比较多，行为有些失控，砸了饭馆的东西，还赶跑了其他客人，躺在饭馆门口不起来。

我对一脸无奈的饭馆老板说："你估算一下现在的损失，包括盘子、碗和桌椅板凳，还有营业额的损失，大概多少钱？一定要客观，不要有太多的水分。"

老板考虑了一下说："大概 1000 元吧。"

我看了看醉酒的两个中年男子，老甲看起来喝得比较少，较为清醒，站在餐厅的门口。

我走过去对老甲说："这样，老板算了一下，刚才你们造成的损失大概 1000 元，你们如数赔偿后就可以走了，怎么样？"

老甲说："没问题警察同志，没问题，我们赔。"可是他翻了翻随身的背包，又翻遍了全身，也没有凑齐1000元。

我指了指地上的老乙："你把他家人的电话号码给我，我同他家里人沟通，让他们来协助一下。"

老甲说："我不知道他们家人的电话。"

我说："你们是什么关系啊？"

老甲说："就是一般朋友。"

我说："请出示一下你的身份证。"

老甲说："没带。"

我指着饭馆里一片狼藉的现场，很严肃地对老甲说："店里面是你们俩砸的吧？你们已经造成了饭馆的经济损失，如果你们不配合工作，就目前的状况，按照《治安管理处罚法》能够把你们两个拘留了，这是比较严重的一种处理结果，你看着办吧。"

老甲愣了愣，没有说话。

就在这时，喝得酩酊大醉的老乙突然开始耍酒疯了，他先是在满是泥水的地上打滚，然后又爬起来踹停在路边的汽车，围观的人群中，一位车主大声地指责他，告诉他那是他的车，可是就是不敢上去阻拦他。见此我上前制止，老乙晃晃悠悠地站起来，冲我挥起了拳头。我抓住他的手，顺势将他推倒在地上，因为我知道醉酒的人脚下重心肯定不稳，可是转眼间我也成了"泥猴"，这一幕肯定都被围观的群众拍了下来。

我看老乙的醉酒状态已经无法沟通、无法控制了，现场已经不仅是调解的问题了，而是必须要将人控制好，避免造成更多的经济损失和防止发生不必要的人身伤害。现场警力有限，我立刻给所里值班所长打电话，请求支援。

谁知躺在地上的老乙又开始闹起来，先是在饭馆门口的地上乱滚，后又滚到了马路中间，把行驶中的公交车逼停了，围观的群众越来越多，密密麻麻的，里三层外三层。

然后，他摇摇晃晃地站起来对我再次挥起了拳头，我迎上去，顺势抓住他的手，将他按在了地上。面对这种明显的袭击民警的行为，我绝对不能手软了。我让搭档老李拿来了手铐，将老乙戴上了背铐，将其控制。随后，我向围观的人群说："请大家配合，不要围观影响我们的工作。"

这时候，派出所支援的警力和警车赶到了现场，我们几个人将还在骂骂咧咧的老乙抬上了警车，让老甲也坐到了里面。看着警车扬长而去，围观的群众也逐渐散去了。

我身上的警服已经脏得泥水、汗水分不清了，只好回所里重新换了一身。

最后老甲被处以罚款，老乙因为寻衅滋事的违法行为被警方行政拘留。

【马后炮】

我们每一次出警所面对的都是未知的现场，充满着各种变数，每一次执法活动都是在群众的监督下开展工作，因此要习惯在监督状态下执法。出警时民警经常成为围观群众手机拍摄的主角，所以每一个动作、说出的每一句话都要非常注意，遇到激烈冲突时，更需要果断和冷静地处置。

喝酒要适量，这样既伤身体又容易惹事。这样酒后闹事的警情我处置了很多次了，奉劝贪杯的朋友，把握好喝酒的尺度吧！

8 武力不能解决问题

某日下午3点，中关村某电子卖场二楼，某柜台一商户同顾客发生纠纷之后，双方动手打了起来，商场物业的工作人员拨打了“110”报警，请民警到现场解决。

我们一车三人马上赶到了电子卖场，只见二楼现场已经聚焦了很多围观群众，物业管理人员焦急地站在一边。人群中，一个30多岁、身高一米八五左右的光头壮汉一直在嚷嚷，见民警过来了，他斜着身子，左手捂着脑袋，右手用手指着我喊道：“你先带我看病去！”光头男身边还跟着两个小伙子，一身痞气。

看到光头男这副没礼貌的模样，我心里很生气，但还是克制了一下，严厉地对他说：“你把手放下来，怎么这么没有礼貌？我现在代表的是警察，不是我个人，你这是对警察的不尊重，是对执法者的藐视，父母没有教你要懂礼貌吗？”

光头男愣了一下，把手放了下来。

我走到柜台前往里面看了看，一个小伙子痛苦地捂着脑袋坐在椅子上，看见我，他站了起来，身高也有一米八以上，年纪看上去也是30岁左右，非常壮实。

经过询问双方事情经过，这个矛盾与一个小小的iPad包有关。

当天，光头男带着两个朋友，到电子卖场买东西，看中了一个 iPad 包，光头男说他是市场管理人员，希望店家能便宜点卖给他。卖货的小伙子说卖他 92 元，只挣 2 元。光头男不干，说就 90 元成不成？讨价还价几次之后，卖货的小伙子坚持不让步。光头男一气之下将 iPad 包用力扔在柜台上，骂了一句之后，转身准备离开，柜台里面的小伙子也不示弱，回骂了一句。双方先对骂，然后就隔着柜台用拳头打了起来，两人被劝开后发现双方头部都受了一点儿伤，脸上不同部位已经红肿起来，商场物业管理人员报了警。

我看着手里两个人的身份证说：“你们俩年纪都不大啊，下手也都够重的，商场里不适宜处理你们的事，和我回派出所进一步解决吧。”

离开前，我让物业管理人员调取事发摊位不远处的监控录像，拷贝之后马上送到派出所，作为处置的证据。

卖货的小伙子要自己开车去派出所，我让我的搭档老陈坐他的车一同离开，我带着光头男一方三个人坐警车回派出所。

在回派出所的路上，我问光头男：“为了 2 元钱打架值吗？”

光头男苦笑了一下。

我继续问：“以前有前科吧？”

光头男点了点头，说：“您怎么看出来的？”

我说：“我从警多年，阅人无数，这件事一般人干不出来，你怎么那么大脾气？喜欢用拳头说话吗？”

他没有说话。

我逐渐提高音量说：“以前接受过教训，现在怎么还这么冲动？是不是以为没有人能够管得了你了。惹事就不用付出代价了？犯浑没关系，一会儿送你去看守所，那里有武警、高墙、电网，保证让你听话。”

光头男一句话也不说了，他们三个人鸦雀无声。

我接着说：“人就怕失去健康和自由，你不是不怕失去自由吗？我成全你，怎么样？”

光头男没有了刚才的嚣张气焰，低下了头，没有说话。

我有时候感觉自己也不好，太过“疾恶如仇”，也可能是自己从警多年的职业病吧。

回到派出所，我们将打架的两个人隔开，双方冷静之后，民警对二人分别进行了批评教育。他们的行为已构成殴打他人，可以采取行政拘留。光头男的确是“老炮儿”，到处找民警的毛病，投诉民警，值班的毛警长一直在准备材料拘留双方，也不给他们调解，对这样的无理投诉根本不值得耗费精力。

最后他们二人服软了，承认了错误，对自己的鲁莽行为表示懊悔，双方也互相道歉和解了。民警对二人予以警告处理，放他们离开了。

【马后炮】

人们偶尔会因为一点小矛盾而大打出手，矛盾形成的原因五花八门、各种各样。这个矛盾就是特殊因素形成的，为了 2 元钱打架，也是让人不可思议，对于闹事的人，就要教育他们认清形势、遵纪守法，不可以任意妄为，否则就予以法律的制裁。

9 年轻人冲动的代价

“喂，派出所吗？我们医院的一个医生刚被打了，我要报警，你们赶紧到医院来一趟吧。”

初冬的一大早，凉风习习，准备外出巡逻的我接到辖区内某医院的一名院长打来的报警求助电话，我简单询问了情况后，带上一名实习民警和一名辅警立刻赶往该医院。

在医院的办公室我见到了被打的事主，一位文质彬彬的操着南方口音的皮肤科医生（以下简称皮科医生）。皮科医生一脸委屈，在满腔愤怒却又慢条斯理的描述中，我了解了事件的来龙去脉。

原来，早上8点多钟，听着音乐，沐浴着阳光，心情、状态俱佳的皮科医生开着自己的捷达车，信心满满地奔赴医院去拯救那些被疾病困扰的病患。可就在进入医院大门的一瞬间，本应一路跟随皮科医生停好车、进办公室、换好白大褂、开始接待病患的好心情，由于一辆从对面驶来的夏利戛然而止了。

在医院的大门口，本来就不宽的路被夏利车占据了大半。

尽管皮科医生身为本院员工在医院范围内应该是占据天时、地利、人和的，但霸道的夏利司机似乎并没有意识到这一点，依然不讲理地占据着大半道路向捷达车挤了过来。此时，一同被压缩的还有皮科医生本来阳光的心情。见对方司机丝毫没有避让的意思，在双方减速错车的一刹那，皮科医生不满地瞪着夏利司机以此表达了自己的愤怒！

错车过后，皮科医生开车进入了医院停车场。说时迟那时快，车子还没停稳，皮科医生从反光镜中看到夏利车竟然高速倒车向自己驶来！还没等皮科医生弄明白夏利车要干吗呢，便从车上下来了一个足有一米八的大小伙子，二话不说把捷达车上的皮科医生拽了出来，“叭叭”两个耳光，“咣”一脚，没等皮科医生明白怎么回事，人已经倒在了地上。

打完之后，霸道的夏利车主扬长而去，只留下被打的皮科医生倒在地上“黯然神伤”。还好，皮科医生没忘了记住夏利车的车牌号。随后，满腹委屈的皮科医生向院长汇报了情况，并由院长报了警。

了解完情况，我安慰了被打的皮科医生，并叮嘱他如果有身体不适最好先去做检查。随后我带着实习民警和辅警在医院保卫部门的配合下，一起围绕夏利车的下落开展了工作。就在调取医院监控的过程中，医院保安反映刚才那辆“霸道”的夏利又回来了，这会儿就停在住院处门口。

接到报告后，我们马上来到了夏利旁边儿，为了防止它再次开溜，我观察了一下，夏利后面有一辆轿车，两车距离也就 80 厘米左右，它前面没有车，我把警车倒着停在了夏利车的前面，牢牢地将它卡住了。为了防他们再次逃跑，我让随行的实习民警和辅警分头去医院住院处、收费处等地寻找车主，两个人找了十几分钟还没有找到。

我感觉这个人又回到了医院，他陪同病人的可能性比较大，所以应该在住院大楼里面，我又告诉实习民警和辅警去住院大楼里面，说有一辆夏利停车碍事，请车主来挪车。两个人就又去了住院的大楼……

过了10分钟，一个长得白白净净、身材高大、帅气的小伙子向夏利车走来。通过刚才皮科医生的描述，我知道，他这就是那个“霸道”的夏利车司机了，可从表面上看不像是个暴脾气的人啊！

“小伙子，知道我找你干吗么？”待小伙子走近，我不急不躁地问道。

他看见我穿着警服，以及停在他车前面的警车，明白了一切。

“知道，知道，这事怪我，昨晚陪护病人一夜，非常疲惫，看到那个人在车里盯着我看，火一下就上来了！今天是比较冲动。”小伙子面带愧意地回答，然后不好意思地看着我。

“今天这个事情你做得太过分了，谁给你的权力随便动手打人的！你今天的行为按照《治安管理处罚法》可以对你进行拘留处理。”

“这个事情是怪我。”听到我刚才的话，小伙子脸上多了一丝紧张的神情。

我先是指出了小伙子所犯错误的严重性，见他已经认识到自己的错误，话锋一转：“你相信我吗？”

夏利车主说：“相信，相信。”

我说：“我不害你，听我的没错，不然后果很严重的，你这种情况如果没有造成严重后果，可以通过警方调解处理，取得被打一方的原谅，但前提是你必须诚恳地道歉，求得人家谅解，人家同意不追究了才行。”

我又强调了一遍：“我不害你，听明白了？”

夏利车主说：“好，我听您的，一定好好道歉。”

在我的带领下，我们来到了附近的医院车队办公室，医院院长还有相关的几个人都在，小伙子走到皮科医生前面，深深地鞠了一躬，然后说："对不起，今天的事情全都怪我，我向您道歉，请求您的原谅，我知道错了，您消消气。"

不知是小伙子的真诚道歉打动了皮科医生，还是皮科医生想到自己早晨的怒目而视似乎也有不妥之处，皮科医生一拍桌子，痛快地说："好的，小伙子，今天的事情我就原谅你了，今后可要注意了。"

我也没有想到，皮科医生竟这么痛快地原谅了小伙子。

见双方握手言和，站在一旁的我也长舒了一口气。在出警登记本上登记了双方的身份证，并由双方签字后，一场因错车引起的治安案件也就被顺利地调解了。

临走的时候，我把小伙子叫到了一边儿，对他说："人家这个医生真够大度的，如果这件事人家讹你，在医院做各种检查，就要花费1000多元，你给人家买一些好水果或者礼品，让人家心理平衡一下，怎么样？"

他说："您放心，这件事，我会办理好的。"

我们上了警车，离开了。

后来，有一次我在这个医院看病，候诊的时候，看见了这位医生路过，他肯定不记得，坐在一边儿的我就是处置他被打事件的民警。

【马后炮】

民警在办理治安案件时，要求其能够具备一定的综合能力，包括与人沟通的能力、化解矛盾的能力，以及现场处置能力。但调解纠纷并不是简单的"和稀泥"，更不是是非不分，而是要依照法律对当事人进行教育，达到让当事人懂法、知法、守法的目的，以此来解决双方的矛盾，维护社会的和谐。这件事，通过我实心实意的一句话——“我不害你”，让这个小伙子感受到了我的真诚，按照我的建议去做，达到了理想的效果。

10 警察就应该这样执法

一个深秋的夜里将近 12 点钟，原本车水马龙，人声鼎沸的中关村西区，行人越来越稀少了，忙碌了一天的人们也逐渐要进入休息状态了。

中关村图书大厦下的一层店铺都关了灯，只有理发店还亮着，里面一男一女在争执着什么，男子始终坐在理发椅上不挪窝，说到最后还恼怒地拿起桌上的吹风机扔在了地上。中年女老板拿起电话打了 110，电话通了之后大声说：“我要报警！有人在我店里无理取闹！”

不一会儿，我们来到了店门口，一进门女老板就愁眉苦脸地说：“怎么说他都不走，就赖这儿了，还把我吹风机摔了。”

我走向男子，看了看他：40 多岁，长头发，中等身材，穿着还算干净，就是一身酒气，脸上泛着一点儿红色，看来没少喝了，自个儿嘴里还念叨着：“现在想理发，可老板不干。”我通过镜子看着男子迷茫的双眼，开始劝解：“这都晚上 11 点多啦，人家要关门肯定没法儿给你理发了，明天再来，耽误不了什么吧。”

男子反倒来劲儿了，死活不动窝还矫情起来："不成！顾客就是上帝，送钱还不要，就是欺负人!"

"你不休息睡觉我们还休息睡觉呢！我们可是忙碌了一天了。"女老板一听气不过，在一旁插话。男子也不听，干脆低头瞅着地了。

我抬高声音询问女老板吹风机是否摔坏，女老板进行了检查，男子赶紧用余光瞟了瞟情况。吹风机并未损毁，只是外壳裂了一点儿。我把男子坐的椅子用手转过来，语重心长地说："时间不早了，你赔女老板点儿钱，我再帮你说说，这事儿就这样吧，要不按正常程序，我们应该把你带回派出所，按寻衅滋事对你进行拘留的。"

谁知男子不但不领情，还满不在乎地挑衅说："你抓我啊，我不怕你!"

我问女老板："知道派出所的位置吧?"她说："知道。"我说："一会儿到派出所解决问题吧。"她点点头。

和醉酒的人理论显然是白费工夫，我给同事使了个眼色，上前一步左手从男子腋下抓住其手臂，右手抓住他的手腕往回一使劲，男子就只能顺势站起来了。同事打开警车的车门，好让我"架"男子上车。我没有费多大力气就把他"架"了出来，顺势就把他"塞"进了车里，随后我自己也钻进车里，把他挤在角落，并对他说："不听话，我就给你戴'铐子'，你用不用?"他老实地说："不用了。"估计这个时候他酒醒了不少。

在回派出所的路上，我说："你是不是觉得警察对你这样胡搅蛮缠的人没有办法，最后只能哄着你离开?"他看看我没有说话。

我继续说："警察是国家的专政工具，处罚你有法律依据，对你这样敢闹事的，我们就得依据《治安管理处罚法》对你进行惩罚，你是想配合我们，还是想对着干？你自己选择。就你今天这样乱摔人家店主东西行为，行政拘留几天肯定没问题，你是不是想去里面体验一下生活？”

他喃喃地说：“我错了，请您原谅我吧。”

到了派出所门口，我再次跟男子“聊”起来：“看你的样子是有文化的，今儿这事儿后悔不？以后该怎么办？”

男子满脸愧疚地说：“我这次是真错了，求您放过我吧，下次再也不敢了。”

“一会儿女老板来了，你好好跟人家道歉吧，谁都能喝酒，但是要适度，以免酒后失控，给别人和自己找麻烦。”

不一会儿，女老板来到派出所门口，男子赶紧迎上去道歉。看男子态度这么好，女老板也表示愿意原谅他，于是在男子赔偿 50 元维修吹风机的费用后，矛盾就解决了，这件事也算结束了。

我们的工作，就是由这样无数的插曲组成的。

【马后炮】

依据《治安管理处罚法》对寻衅滋事的行为可以予以警告、罚款或拘留等处罚。对于这些人，如遇不听劝阻的，可以使用合理的强制手段，对于醉酒后闹事的人员，我们也是分门别类地予以处置。一般情况下，起因、情节、责任、是否造成严重后果等，都可以成为处罚的依据。

最近，在高铁上发生的“霸坐”事件引起了群众热议。我认为，遇见这样的人，首先应该以理服人，可以告知他这样的后果，即火车到站后他要接受惩罚，“先礼后兵”，也可以叫“不战而屈人之兵”。

如果他拒不听从指令，就可以强行带离他，而不是一味的息事宁人地劝告，要做到有“硬度”地执法。

11 妻贤夫祸少

秋季的一天晚上 7 点多钟，我们接到在新中关大厦西侧附近的一个报警，内容是交通纠纷，双方正在打架。

我们很快到了现场，拨开围观的人群，看见一辆救护车闪着顶灯已经停在了路边儿，一个小伙子捂着头痛苦地坐在地上，旁边儿站着一个明显已经怀孕的妇女。救护车的另一边儿，一位时髦的女士面向我，气愤地指着坐在地上的小伙子声嘶力竭地对我说：“我老公就是他打的!”我走近救护车往里面一看，一个头破血流的小伙子正躺在救护车上，急救医生正在施救。我过去询问：“伤得严重吗?”医生抬头告诉我：“目前看，心脏、血压没有大碍，外伤需要包扎一下。”

经过双方简单的叙述，我了解了事情的来龙去脉。原来，坐地上的小伙子是郭先生，带着怀孕的媳妇儿开着捷达车，要从马路牙子上面倒车准备离开。救护车上的男士是马先生，两口子开的现代车停在了路边儿，挡住了捷达车倒车出来的路口，郭先生看见马先生坐在车里握着方向盘，想让马先生挪一下车，自己好离开，便回头冲他“嘿”了一声，意思是：你让一下，我好离开。语气简单生硬，马先生一听就火了，就是不挪车。如果郭先生当时能下车说一声，效果肯定会好一些。

结果，郭先生下车与马先生理论，双方发生口角，随后马先生也下车了，话不投机便推搡起来，就好像拳头比说话管用似的，大打出手，结果两败俱伤，都鼻青脸肿，挂了彩。

我走到郭先生身边询问：“你需要看病吗？”

郭先生一抬头，瞪大眼睛说：“当然需要了！我都叫了救护车了。”

正说着，另一辆救护车开了过来，停在了我们旁边儿，郭先生在媳妇儿的搀扶下，上了救护车。

我已经将双方的身份证登记了下来，将现场整个过程录了像，记录了联系方式，告知双方看完病后，去派出所找值班民警进一步解决。

马先生的媳妇儿却觉得自己很委屈，追着我说自己受到了惊吓，而且劝架的时候也被郭先生打了一下，都没人关心，也得看看病。我只得告诉她没问题，让她同她老公一起去看病。

可是她却突然对我们横加指责，说他老公被打得厉害，警察应该陪同他们去看病。我明确告诉她，我们工作是有步骤和程序的，不需要她来干涉。她悻悻的转身离开了，没有再纠缠我们。

我们目送两辆救护车先后开走了，围观的人们也散去了，现场恢复了平静，好像什么也没有发生过一样。

目送两辆救护车离开，我感慨万千——为这么点小矛盾就大打出手，值吗？纠纷双方都带着媳妇儿，如果媳妇儿们能够及时劝说和阻止丈夫，制止矛盾激化，而不是火上浇油，肯定发展不到动手的地步，俗话说“妻贤夫祸少，子孝父宽心”。

晚上 12 点多，在派出所值班大厅里面，我又看见了斗殴的双方当事人。再次见到我们的时候，双方情绪也冷静下来了，两位男士都鼻青脸肿的，头部也都用网兜一样的白纱布包扎了一下，那位时髦的女士也没有了刚才的嚣张劲儿。不过我没有看到郭先生怀孕的媳妇儿，估计回家休息去了。

他们正在等候派出所晚上值班的民警进一步处理此事。一看见我，主动问了几个问题，我过去答复了他们。

第一，他们说要继续看病、检查，是否可以？我对他们说，可以，等他们基本痊愈了，还应该让法医做伤情鉴定，再来派出所进一步解决问题。

第二，警察会不会处罚他们？我告诉他们，双方因为打架都触犯了《治安管理处罚法》，可能要接受拘留或者罚款的处罚。

我对他们为了一点小事产生了摩擦就大动干戈表示愤怒，并训斥了他们。也对马先生的媳妇儿解释了什么是“妻贤夫祸少”，她也表示了理解。

两位男士也表示了后悔，认为为了这点小事太不值得，问我如果想和解需要做什么？我说，需要请示一下值班所长，看是否可以让他们自行解决。他们说这样再好不过了。我经请示值班所长，同意让他们自行解决了，双方在我的出警本上签字后，离开了派出所。

打架斗殴不仅让双方在精神及肉体上感到痛苦，而且还有可能接受法律的处罚，害人害己，是要付出代价的。最后双方选择和解还是很明智的，回家自己疗伤吧。我感叹：这是何苦呢？

【马后炮】

生活当中，人们难免会发生一些矛盾和摩擦，心态平和些也许就能理智地化解了，不要锱铢必较。近几年发生了多起矛盾激化引起严重后果的案件：一件是因为停车纠纷，一男子一气之下将一位女士的孩子从婴儿车里抱出来摔死，这位男子最后被判处了死刑。还有一件是一位女士投诉服务员服务不到位，男服务员道歉后，让其撤掉投诉，女士拒不撤掉，结果男服务员一怒之下将一盆热汤浇到了她的头上，造成了极其严重的后果。

案件发生之后，我认为双方都会非常后悔，也肯定没有想到会发生这样严重的后果。掌握化解矛盾的尺度，不让矛盾激化，也是一种智慧。

争执的发生往往缘起一些小事儿，只要一方善于控制情绪，就能扑灭摩擦出的火花，“与人方便，与己方便”。沟通是需要水平和能力的，理智地对待矛盾，是一个人成熟的表现。

12 玩乐不是玩命

秋天的一天夜里 12 点钟，我们接到位于辖区某大酒店地下一层歌厅的报警，称有人被打伤了，请民警速来现场处置。

我们很快赶到歌厅，坐电梯下到地下一层，刚走出电梯就看见一个小伙子头破血流地坐在地上，在他边上站着一个男子正拿着手机打电话。

我走过去问："怎么回事，谁报的警？"

站着的小伙子说："是我报的。"

我问："叫救护车了吗？"

小伙子告诉我，已经打过"120"了，救护车在路上。于是，我把他叫到旁边儿歌厅的大厅里，询问具体情况，小伙子跟我叙述了事情的经过。

原来，这两个家境条件不错的年轻小伙子就住在这个大酒店附近不远，今天晚上两个人在外面吃饭时喝了不少酒，但还没尽兴，就继续到歌厅消遣，又要了一个大果盘和一些酒，唱歌喝酒又玩了一会儿。

刚才，两人同三位包间服务员（一男两女）因为服务质量问题发生了一点儿矛盾，双方开始对骂，一名身体强壮的男领班闻声进来劝架，但是两个小伙子酒后失去了理智，同这位男领班打了起来。结果酒瓶子乱"飞"，包间内一片狼藉，男领班用酒瓶将其中一人的头部打伤了，流了不少血，双方才停止了打斗。

我嘱咐他，救护车来了之后，先陪伤者去看病，看完之后再回到派出所继续解决问题。随后我把他的手机号码和身份证号码都记录下来，并告诉他派出所的地址及值班电话。

随后，我们询问吧台的服务员谁是歌厅的负责人。这时候，一个40多岁的中年男人向我走过来，表示自己是负责人。我说："你把刚才打架的男领班，还有那三位服务员叫来，同我一起回派出所解决问题。"

我让他带着我们到了刚才发生纠纷的，亮着粉色灯光的包间里面看了看，的确是杯盘狼藉，我用执法记录仪拍摄了一下。

然后我们回到了歌厅大厅，歌厅负责人又转身进入歌厅里面，过了 5 分钟，将刚才打架的年轻而且身强体壮的男领班带了出来，跟我说："还有那三个服务员在换衣服，一会儿出来。"随后几个人跟随我们一起走出了歌厅。

刚走出大厦，我就看见一辆 120 急救车已经闪着顶灯停在了门口，刚才被打的小伙子捂着脑袋上了车，报警的小伙子匆忙从我身边儿走过，被我叫住："看完病直接来派出所，下次可别再玩儿命了！"他苦笑了一下，上了救护车。

这时候，歌厅里面走出来三个服务员，其中一个女服务员没好气地大声说："哎，警察，我们怎么走？"

我转过头对她说："哎谁呢？不会说话呀？你们也是成年人了，不知道应该有礼貌吗？"他们立马不说话了，随后小声补了一句："对不起。"

将他们几个人带回了派出所后，我把他们交给了值班的民警，进一步处理此事。

我曾经处理过多起类似的治安案件，知道下一步只能等看病的小伙子回来，看看他的伤势如何了，才能够决定如何处理此事。

早上 8 点多钟，我们了解到，凌晨 3 点多看病的两个小伙子回来了，头部缝合了十几针，包扎了一下，并无大碍。

最后，值班民警认定双方均有责任，在民警的调解下，男领班一次性赔偿受伤的小伙子 3000 元，双方和解了。

【马后炮】

这起事件反映出社会上的一些人在精神生活中存在的问题，虽然物质生活极大丰富了，但精神境界并没有提高到相应程度，当出现短暂的“精神空虚”时，往往通过并不健康的消耗精力的方式来排解空虚。如何丰富精神生活，如何在不同的社会分工中找到恰当的生存方式，是每个社会人需要思考和解决的问题。

13 这就是寻衅滋事者

一天晚上 9 点多钟，我们接到中关村某大厦四层一个川菜餐厅工作人员的报警，称有人吃霸王餐，一个人吃了 300 多元，拒不结账，请民警处置一下。

我们赶到现场，在餐厅门口见到了报警人——一个 30 多岁穿戴整齐的高个子年轻人，他跟我们说他是这个餐厅的经理。我问他具体是什么情况。经理说：“今天晚上 7 点多来了一个戴眼镜的小伙子，一个人点了五个菜和一杯饮料，都是相对比较贵的菜品，总计消费了 350 余元，吃完之后，起身就要走。服务员把他拦住要他结账，他却说没钱结账。餐厅的工作人员只好把他控制住，请民警来处置了。”我问经理：“那个人喝酒了吗？”经理说没有。

经理领着我们进了餐厅，一位年轻男子坐在餐桌边儿上，我观察了一下这个人，30 多岁、中等身材、戴眼镜，看上去文质彬彬的，穿着一件蓝色的工作服，工作服上面印着公司的名字。我过去问他："小伙子，干吗不给人家结账呀?"

小伙子却说："我给了啊。"

我说："你要是结账了，人家干吗不让你走？这里可是有监控的!"

小伙子没有接我的话茬儿，而是猛地跳起来，奔到站在两米外报警的年轻经理面前，朝着他头部就是一拳，经理躲过之后，抓住了他的手，双方立刻扭打起来。

见此情形，我赶紧与同事老汪以及辅警小张先把他们两个拉开，然后把发动攻击的男子按到地上，搜了搜他的衣兜，没有发现他带有危险物品，便给他戴上背铐。

整个过程非常突然，也就 10 秒钟左右，以至于我们还没有做好充分的思想准备。但我们反应很快，快速上前，分工合作，配合默契地将其控制住。

我们将他拉起来，准备将其带出餐厅。这个男子一直不配合，刚出餐厅没多远，男子突然转身踢向我，我本能地用手挡了一下，正踢在我手心上。我立即感觉一阵钻心的疼痛，强忍住疼，我们将他带上了大厦外面的警车，和餐厅经理一起坐到车里。我也没换同事开车，忍着痛将警车开回了派出所，将这位闹事者移交给值班的同事进一步审查。

这时疼痛感再次袭来，同事老汪带着我赶紧到海淀医院就诊，在地下一层放射科拍摄了 X 光片子，确认了骨头没事。老汪让我将此事汇报给值班领导，我摆摆手表示没必要了，就是一件小插曲而已。但是我的手过了一周才不再感觉疼痛。

最后，当天值班的警长转告我，这个吃霸王餐的小伙子，经多方了解和证实，并没有精神异常，只是想吃饭赖账。鉴于他的种种行径，该男子因涉嫌寻衅滋事行为，被依法行政拘留了。

【马后炮】

我们在出警工作中，会面对形形色色不同心态的人，因此头脑中一定要绷紧这根弦，因为你不知道下一秒会发生什么。做好战斗准备是必需的，在群众遇到危险时挺身而出，这也是我们的职责所在。处理纠纷的过程一定要科学、合理、恰当，还需要随机应变、快速反应、默契配合，避免受到伤害以及无谓的牺牲。社会是有良好秩序的，违背、破坏社会规则的人一定会付出代价，维护社会治安秩序的有序及稳定也是警察的责任之一。

14 冲动的代价

初秋的一个周末，下午 3 点多钟，我们开着警车路过中关村丹棱街路口，接到派出所的电台报警，说在图书大厦停车场入口发生了纠纷，内容是汽车玻璃被砸。

由于离报警人所在的地点非常近，我们很快就到了现场。只见一辆黑色的雅阁汽车停在图书大厦的停车场入口处，前挡风玻璃上有一个直径足有 5 厘米的大洞，碎玻璃碴子撒了一地，一根木质垒球棒扔在汽车旁边的地上。

在汽车边上我们见到了报警人，是一对40多岁的夫妇，他们是被砸雅阁车的车主。在离车较远的地方站着事件另一方当事人——抱着孩子的小两口以及孩子的奶奶。

原来事发时，雅阁轿车正准备开进停车场，在停车场的入口处，恰遇老太太和儿媳妇蹲在地上给2岁左右的孩子整理衣服，老太太的儿子站在边上。由于孩子小，即便是两人一起动手整理依然进行得有些慢，其实孩子家长完全可以抱着孩子到不碍事的地方去整理的。

等了两分钟后，雅阁司机似乎有些耐不住性子了，见他们依然不慌不忙的，就按了一下喇叭。可谁知就是这一下喇叭竟然引发了后面的事端，也不知是喇叭一响吓到了孩子，还是站在一边儿的老太太本身就是个暴脾气，喇叭声音未落便立刻嚷嚷起来，言语中流露着对雅阁司机的强烈不满，最后还骂了他几句！

按下喇叭不但没有起到催促作用，反倒招来一顿骂！雅阁司机也不满地进行了语言回击。于是乎，一来二往，战争升级，站在老太太身边的儿子急了，转身跑进大厦里面（他就在这个图书大厦工作），出来的时候小伙子手里拿着一根垒球棍，照着雅阁汽车的挡风玻璃用力打了下去。

万万没想到对方的脾气如此火爆，这一下把雅阁车里的两口子吓坏了，赶紧拨打了报警电话。

问清情况，我将这个冲动的小伙子叫到一边，问道："小伙子，为什么这么冲动啊？"

小伙子说："他让我生气，我就让他知道知道什么是厉害！"

我说："你挡了人家的路，还不许别人催，催了就砸人家车玻璃，是不是有点霸道啊?”

就在小伙在准备进一步辩解时，在一旁带孩子的奶奶冲了过来大声冲我嚷道：“他刚才开车按喇叭，吓着我了，我现在血压高了，需要到医院看看病。”

见此情况，我并没有着急，而是以缓和的方式告诉孩子奶奶：“您看看，先不说人家司机是因为您挡了半天路才按的喇叭，您说血压高是因为被喇叭吓得，我倒觉得是您儿子砸人家汽车玻璃您急的。再说按喇叭不犯法，也是维护合法路权，您儿子砸了人家汽车玻璃，本身已经构成了故意毁坏公私财物的事实，这个行为是要负法律责任的，按照《治安管理处罚法》的规定，应予以行政拘留处罚。”

听了我的一番话，刚才还气哼哼的老太太和小伙子立刻没了嚣张的气焰。

我继续说：“你们设身处地的想一想，这样磨磨蹭蹭地给孩子整理衣服，干吗不到一边儿去？你们要是遇见这样的事情，也会忍无可忍的，你们好好想想吧。”

老太太和小伙子没有反驳我。

随后，我们将当事双方一起带回了派出所。

在回派出所的路上，我见坐在警车上的小伙子已经心生悔意，他告诉我，他与我们派出所领导认识。我说：“你认识谁也没用，认识所长也不可以无法无天呀！”他无言以对。

为了让小伙子充分认识这种冲动行为可能带来的严重后果，以及要承担的法律责任，我很严肃地给小伙子上了一堂普法课。与此同时，我告诉小伙子，如果认识到自己的错误并积极赔偿对方损失，得到对方的原谅也可以进行调解，不追究法律责任。

在派出所，我也给雅阁司机两口子做了工作：“谁都有孩子，孩子小的时候最难带，刚才那家人，他们全家的心思都在孩子身上，你刚才那么一按喇叭，把孩子吓一跳，他们肯定心疼，不过他们拿垒球棒打车玻璃肯定是太过分了……”

他们表示两人也是忍无可忍才按喇叭的。我说：“你们的做法是可以理解的，他们的做法的确让人费解。”

最后，砸车玻璃的小伙子认错态度良好、诚恳，积极地赔偿了各项费用共5000元，付出了冲动的代价。这才取得雅阁司机的谅解，我们也没有对他进行进一步处罚，经双方协商，矛盾和解了。

用力挥了一棒子，挥出去5000元，也是“物有所值”了。

【马后炮】

如果一方用一句“您好，您需要帮助吗?”取代按喇叭，或是另一方听到喇叭声能够及时意识到自己给别人带来了不便，赶紧让出路来，也许就没有后面发生的不愉快了。俗话说“冲动是魔鬼”，很多恶性案件发生的原因都是源于一时冲动所导致的“激情”犯罪，面对各种情况下发生的不愉快和矛盾，要仔细想想将会发生的严重后果和要承担的法律责任。换句话说，有些时候“认㞞”是一种美德，化解矛盾可以有多种方式方法。设想一下，也许一句幽默的话也是可以化解矛盾的。

15 失去理智的醉酒人

一个夏天的下午 3 点多钟，我和老汪带着辅警小李开着警车到警务站办事，一个身高一米八的壮实小伙子侧身站在路边儿，将我们准备停车的位置挡了个正着。开车的老汪停下车来，觉得小伙子看见警车要停车应该会让开地方，但等了半分钟，小伙子却丝毫没有离开的意思。老汪按了一下喇叭，小伙子非但没离开，还用脚踢了一下警车，随后开始破口大骂，民警老汪马上下了车，我和辅警小李也跟了下去。

老汪问小伙子："怎么回事?"小伙子没吭声，突然挥拳打向老汪，老汪闪开拳头，两人推搡起来，都摔倒在了地上。

事情发生突然，也就十几秒的工夫。我同辅警小李冲过去，一俯身就闻到了小伙子身上浓浓的酒气，我拉开小伙子的胳臂，反手使劲撅着他，非常不客气地大声吼道："喂！你老实点!"眼见年纪不小的老汪和年轻小伙子扭打在一起，我开始着急了，必须马上稳住局面!

这时候老汪站了起来，我继续压着地上的小伙子说："今天你要是配合我们，这件事好办，你要是来劲，我就敢抽你，现在马上和我们去派出所，你听话不听话?"小伙子理智了一些说："行，行……"并没有再反抗。

老汪拍拍身上的土，钻进警车继续开车，我和辅警小李一起带着醉酒的小伙子上了警车的后座。我让他坐在车里的地上，用身体靠着他。在车上我非常警觉，因为醉酒的人很容易突然行为失控，如果小伙子冲向司机，司机开车就容易出危险，造成事故，危害公共安全（类似的事故的确发生过）。所以这个时候，一定要对喝醉的人严密防范。

我和辅警小李看着小伙子，问他为什么喝了这么多酒。他说自己刚刚参加完朋友的婚礼，在婚宴上喝了点酒，就晕了。

进了派出所大厅，我让醉酒的小伙子坐在椅子上，从大厅值班保安的桌子上找来一瓶矿泉水递给他，小伙子不客气地接过来，一口气喝了一瓶儿。看来喝了那么多酒，再加上这么一折腾，的确渴的够呛。

随后，我在大厅里给值班领导打电话汇报这件事的情况，并请示下一步的安排，没想到一转身，看见醉酒小伙子和大厅值班辅警小张又打了起来。大厅的民警和辅警们赶紧过去将双方拉开，没办法，最后只好将失控的小伙子一个人关进了羁押室。

一个小时后，醉酒的小伙子的姐姐、姐夫来到派出所，表示对民警的处置没有意见，并向民警和辅警道歉。虽然小伙子乱撒酒疯，但还好他没有造成严重后果，道歉后，家人便带着他离开了。

【马后炮】

酒醉三分醒，喝多了就打人，只能说明在潜意识里并不尊重他人。群众无缘由的谩骂、指责和挥拳相向对民警何尝不是一种伤害？然而工作中，民警始终要做到克制、理性、依法做事、以理服人……因此为了维护警察的执法权威，我希望我国也能制定相关法律，如设立袭警罪，保护警察的人身安全，促使全社会自觉维护民警执法权威，遏制袭警辱警行为。

16 相煎何太急

大城市往往能够提供更多就业和发展的机会，所以农村劳动力源源不断地涌入城市，使城市人口越来越密集，就业压力越来越大。于是，许多人自谋生路，当起了小商小贩，这一点在中关村地区体现的尤为明显。

老段是山东菏泽地区的农民，两年前跟着中关村卖盒饭的堂兄来到了北京，开始是给堂兄打工，熟悉后就自己单干了。每天中午骑着小三轮，在某大厦门口摆摊卖盒饭。因为是无照经营，所以要躲避城管，除此之外，靠着劳动所得倒也是过着平平静静的小日子。可是随着时间的推移，堂兄的媳妇儿贾大姐不高兴了，认为他抢了他们的生意，可能是因为老段做的盒饭味道比较好，生意比堂兄的更好，由此双方的矛盾越积越深，常常在电话里吵架。

这天中午 11 点，老段准时来到大厦门口摆摊，身高一米七左右、人高马大、身材较胖的堂兄媳妇儿贾大姐，找到身高只有一米六五左右的他理论，并想赶他去别处摆摊。

结果双方一言不合就动起了手，扭打起来，双方脸上都挂了彩，衣服也撕破了。虽然身高有优势，但是贾女士毕竟是女性，所以体力没有老段强，就被打得比较惨，躺在了地上。

围观的群众报了警，我们迅速赶到现场，看见了这样的一幕——一位高高胖胖的女士躺在地上，指着站着的男士大骂，男士则无奈地站在边上不言语。我走过去询问男士详情，得知了事情大概的来龙去脉，随后把双方的身份证要过来，在出警本上进行了登记。

这时候，躺在地上的贾大姐突然用命令的口吻大声地叫嚷起来：“警察，你得带我去看病！”

我告诉她：“马上叫救护车来，你耐心等一会儿。”随后，我拨通了派出所的值班电话，请求他们拨打“120”。

我正要将老段带上警车时，贾大姐又大声地说：“警察，你可别让他跑了！”

我无奈地说：“你放心吧，他跑不了。”

我让老段坐上警车，车里的辅警坐在他身边。这时候，一个男人急迫地跑过来，在贾大姐身边俯下身，拉起她的手把贾大姐搂在怀里。我过去问贾大姐这位是不是她爱人，她点点头。

我对他说：“你等一会儿吧，救护车马上就来了，你带她看完病后，去我们派出所，继续处理打架这件事，你的堂弟我们先带回派出所了，你把电话号码告诉我，方便联系。”他口述了电话号码，我用手机拨了过去，并存下来。

就在此时，救护车到了，医护人员把贾大姐推上了救护车迅速离开了。我们则拉着老段返回了派出所。

最后的处理结果是双方因为伤势不重，老段赔偿堂嫂贾大姐1000元人民币，双方和解了。

【马后炮】

闯荡世界不容易，为了生活和发展，更应该相互包容和理解。本是同根生，相煎何太急，这件事双方完全可以协商合作，合法化地共同发展壮大自己的生意。民警在工作中肯定会遇到各个文化层次的人，要学会引导他们更加顺畅地沟通，顺其自然地解决各类问题，以便提高我们的工作效率。

17 抽丝剥茧　以理服人

2000年前后一个夏天的下午，一位私企老板开着奥迪车载着一家三口正穿梭在中关村东路上。忽然，一辆出租车从辅路窜了出来，别了奥迪车一下。私企老板赶忙急刹车，又在刹那间怒火中烧，突然急加速追上了快速行驶的出租车，将其逼停，然后“跳”出车内。

只见私企老板指着出租车司机嚷道：“有你这样开车的吗？你不知道辅路车让主路车吗?”

出租车司机当没听见，坐在车上抽烟，不下车也不说话，双方僵持了几分钟后，他看到旁边儿有空当，把烟头一丢，发动了车辆准备离开。就在这时，私企老板透过车窗猛地拉住出租车司机的胳膊，要求其道歉。憋了许久的出租车司机再也忍不下去了，火气像一颗炸弹一样爆发了，下车就对着私企老板一顿暴打，当场就把这位私企老板鼻子打流血了。老板也不甘示弱，回到奥迪车上准备拿出后备箱里的方向盘锁回击。出租车司机见势上前争抢方向盘锁，推搡的过程中头部也被划破。后来好心的围观群众报了警，派出所民警到达现场，将二人带回了派出所。

究竟谁对谁错呢？纠纷的双方始终谈不拢和解的事，此事辗转了三个月，经历了三个民警处置。

一日，所长把这起纠纷的材料递给了我，并问道："怎么样，这起纠纷你来处理一下？知道你经验丰富，有问题来找我。"

我告诉所长："我试试看，感觉应该问题不大！"

我仔细地阅读了事件的文字描述，了解了事情的来龙去脉，并通过相关民警了解到：事后出租车司机愿意主动赔偿奥迪车主5000元达成和解，可奥迪车主始终不接受。所以我认为这一"点"就是问题的关键，于是我着手准备约谈双方。

经过我的约请，双方再次来到派出所，我上下打量着出租车司机，他是个土生土长的中关村老住户，见到我就一个劲儿地念叨："我也想赶紧把事情解决，愿意赔偿5000元，只要对方同意，我随叫随到。"

奥迪车主也就是私企老板因为工作忙碌没有来，而是派夫人来了派出所。我接待了她，她声色俱厉地质问我："这件事儿前面三个警察都没说出个子丑寅卯来，您已经是第四个人了，还换不换人？"

"这件事儿我来处理，肯定不会换人了，相信我吧！三天内给您解决。"我说道。

回忆起当时事发时的情形，这位女士情绪突然激动起来，哭着对我说："出租车司机当时还对我们说打的就是你们这些开奥迪的……他就是对社会不满，仇视社会！"

我淡定地听完，然后告诉她："你说什么也得让你丈夫过来，他是当事人，希望他能过来，便于沟通。”随后我像过电影一样，仔细地给双方还原了事情的经过，分析了每个片段，找出矛盾起源、双方得失以及双方应该承担的责任，争取以理服人。

我又从不同的侧面，了解到这位大老板是做ATM机器安装的，生意做得很红火，我们派出所一个同事的爱人就在他公司里面上班，而且这件事双方都托了很多人，但就是迟迟没有解决。

隔天下午2点，双方当事人准时来到了派出所。

在派出所办公室里面，面对坚持己见的私企老板，我不紧不慢地说：“第一，这件事虽然你受伤比较严重，但是矛盾的起因、导火索主要在你，在社会上，大家都是平等的，你说是不是？第二，路上开车，有些事儿让一让也就过去了，没必要斗气打架，出租车没有撞到你，就不是交通事故，你只是受到了惊吓，但没有造成严重后果，这事儿能过去就过去吧。第三，如果当时出租车司机离开的时候，你没有拉住人家，也不会发生后来的事件。关键是，你也没有权利拉人家呀？这样看来，你也有一定的责任和过失，对不对呀？”我悉心地对他讲着道理。

私企老板看着我，一脸茫然，眨了眨眼睛，点了点头。

我趁热打铁地说：“这件事儿，依据《治安管理处罚法》的规定我们可以采取警告、罚款甚至拘留的处理，拘留对方，你也要承担相应的处罚责任，因此我建议你们和解！”私企老板对我说：“为什么不拘留出租车车司机？”我再次给他解释了一番利弊得失，他才理解，也同意和解了。

我又向出租车司机说：“你毕竟把人家打伤了，打人是要承担责任的，人家可是大老板，不差钱，希望你诚恳地向对方道歉，争取谅解。这样对你肯定是好处多多。”出租车司机满口答应了。

随后，双方坐在一起相互客气地聊起天儿来。

“那天我动手了，是我不对，将您打伤，十分抱歉，您消消气，再不行，您打我一顿，怪我那天太不冷静……”出租车司机态度诚恳地对私企老板道了歉。

私企老板不仅接受了对方道歉，还将赔偿费用降低，只要求赔偿医药费850元，随后双方在调解书上签字。

我对私企老板的大度表示了认同和感谢，因为我知道他肯定回家要做夫人的工作，放着5000元不要，也是让许多人费解了。但老板主要是为了心情舒畅，钱多钱少是第二位的。

一个搁置了三个月的纠纷，就这样“抽丝剥茧，以理服人”的被我圆满解决了。

这件事之后，我一个宿舍的同事——曾经是“八一”足球运动员的高明远，多次对我处置问题的能力赞不绝口。

几年后，那位出租车司机开了一个送纯净水的水站，来派出所办事见到我，我早已把之前的事情淡忘了，更把他忘得干干净净，他却主动对我提起了这件事，也由衷地表示了感谢。

【马后炮】

对每起矛盾，都要“用放大镜”分析每个细节，还原事情的经过，分清楚每个人的责任，从宏观上、微观上讲清道理，这样才能够切中要害，找出矛盾焦点，问题自然迎刃而解。处置纠纷要条理清晰、明确、有理有据。要学会运用抽丝剥茧的工作方法，让人心服口服、心悦诚服。

同时更要灵活运用各种工作方法、工作知识，不断学习、积累公安基础知识，提高自身的公安素养，增强自己调解纠纷的能力。

18 一个巴掌拍不响

一个 50 多岁的北京爷们儿，开着一辆中型货车，晚上 10 点多钟，在居住的小区门口——中关村图书大厦附近准备停车，他围着大厦开车绕行了两圈，也没有在汽车密布的路边儿找到合适的停车位置，自己又累又困。突然，他看见在大厦的地下停车场出口有一个不大也不是停车位的空当，于是赶紧开了过去，勉强停下车。但这种行为的确为其他车辆出行增添了麻烦，用一句话说，就是停车人停车没有素质。

可能这位老哥也是想着第二天早点儿出来，把自己的两件旧家具装上车，把车开走，也就没事了。

早上不到 7 点，老哥和胖媳妇儿把两件旧家具抬到了货车边上，正准备装车开走的时候，走过来四个大厦的保安，指责他车停得碍事。他一再解释，这次也是实在没办法，自己下次不停了，请他们理解一下。其中一个保安说他以前也停过这里，对他出言不逊地骂了一句。这位老哥也是火爆脾气，便与他们争吵了起来。双方越吵越凶，动起手来。保安这一边儿人多势众，自然占了优势，把这位老哥打得鼻青脸肿……发生过程也就几分钟时间。在一边儿劝架的老哥的胖媳妇儿赶紧拨打“110”报了警。

我们到了现场，先看到了那位被打的、坐在地上的老哥，还有两件被打得散架的旧家具，我走过去问他伤势如何。

他看着我不服地说：“他们几个人打我一个，要是单练，我肯定不会吃亏，我的伤不太要紧，可是也需要去医院看看。”

我问他：“你媳妇儿会开车吗？”他说：“会。”我说：“让她把车挪开，一会儿你同我们一起上警车，然后回派出所继续解决这件事。”他点点头，站起来转身一瘸一拐地去挪车了，我让我的同事陪着他们去了。

我转身对穿着新式制服的四位保安说：“你们的衣服很漂亮呀？”他们不好意思地笑了。

我说：“我是警察，既是管理者，也是服务者，你们为了这么点小事儿就大打出手，值得吗？”

他们面面相觑，没有反驳我。

我说：“把你们物业经理叫来，我让他帮助解决这件事。”一个保安转身去找经理了。

过了 5 分钟，西装革履的物业经理走过来。

我对他说：“你们这里的保安需要教育了，类似这样的事情，我已经来过三次了，告诉他们，他们可以协助执法，但他们没有执法的权力。要真把他们拘留几天，我看也是好事，不然他们不长教训。”

物业经理说：“您说的有道理，我们工作需要完善。”

我说：“这里离派出所不远，你带着这几个刚才打架的保安去派出所，继续解决这件事。”

他说：“好好。”

深秋的早上7点半，路上的人开始多起来了，我回到了警车上，带着两个当事人回到了不远处的派出所，将其交给了值班民警进一步处置。

最后，我通过值班的警长了解到，保安一方赔偿了那位老哥2000元，双方和解了。

【马后炮】

这件事的确是双方都有原因，好好说话，可以避免很多矛盾。另外，在全国各地，由于保安执法不当，引起过很多矛盾、发生了很多纠纷与案件，因此对保安的培训和教育是刻不容缓的。在我以前的出警工作中，就遇见过一些保安之间发生矛盾的报警。

19 打掉酒吧的吧托

2005年10月的一天早上9点钟，我刚刚来到派出所接完班，就听说昨晚又来了一个报警，内容是在中关村东路又发生吧托骗钱的案件，我打开电脑查看了这个报警的具体情况。

原来，一个来北京出差的中年老板在网络上认识了一个年轻女孩，两个人聊天聊得很投机，昨晚两个人约好了在中关村东路第一次见面。见面后，两个人感觉也挺好，女孩提出来到旁边的酒吧坐坐，老板同意了。两个人来到了面积不大的酒吧，老板没有点单，女孩拿过酒水单和菜单看了看，就点了几盘干果、一个果盘、一瓶红葡萄酒，两个人边吃边聊。一个多小时后，两个人起身准备离开，服务员来结账的时候，走南闯北见过世面的老板傻了眼，一共3500余元，老板也没有带这么多现金，也没好意思当着女孩的面儿发火，只好忍气吞声地到附近的ATM机上取了钱，把账结了。

回过头来找女孩儿，却发现她趁机离开了，老板吃了哑巴亏，心里憋屈透了，也感觉到上当受骗了，随后打110报了警。民警在半路接上他，一同到了酒吧。但这时酒吧已经关门下班了，女孩手机关机了，老板也联系不上她，此事只好不了了之。

这样的报警，在我值班时就发生了两次，大概是半个月左右发生一起，警察到了酒吧，酒吧经理矢口否认认识同客人一起来消费的女孩。而且就为什么收客人这么多钱的事情，经理会说消费者没有看酒单就点了东西，这里的价格就是这么贵。况且，一些报警人约女孩喝酒本就是目的不纯，只好吃哑巴亏了。

警察处置这类报警，需要做很多前期的工作，固定证据，才可以认定是否为诈骗。

从目前的客观因素和犯罪构成来看，这样的行为很有可能就是诈骗。但是，前期工作就如同医生给病人看病一样，需要一些相关的证据，比如女孩有前科、曾反反复复作案、有虚假身份等，还要确认酒吧同她之间是如何互相勾结来欺骗消费者，从而达到他们的骗人钱财的目的。从此次的警情来看，总共合理的消费应该是100余元，却要收费3500元或者更高，是不是欺人太甚了？

当我在值班室正对这样的行为义愤填膺时，派出所一位社区民警路过，看见我怒气冲冲的样子，问我为什么生气，我同他说了这件事情。他告诉我，这个酒吧租的是范××的房子，范××经常来派出所串门。我问他：“可以让范××来派出所一趟吗？”他说：“应该没问题。”我说：“好，你让他来一趟，我同他聊聊天。”他答应了。

过了半个小时左右，范××来了，他40多岁，个子不高，一副“小玩闹”（小混混）的模样。我看他比较眼熟，肯定是见过此人。我让他坐下来，开口便严厉地说：“租你房子的老板，怎么做事的？”他愣了一下说：“怎么了，大哥，您别生气。”我说：“他们这种经营方式，找几个女孩在网络上钓鱼，然后骗人到酒吧天价消费，酒吧最后同女孩分成，现在报警多起了，他们是不是以为我们处理不了他们？他们就这样肆无忌惮地在我们眼皮底下没完没了地惹事，拿派出所的人当傻子了吧？”他看着我，没有说话。

我继续说：“如果再有一次类似报警，我就去分局找局长汇报去，然后在网上把这几个骗人的女孩找到，再到酒吧收集他们勾结的证据，最后要不把他们抓了，我跟你姓，怎么样？以前在北京酒吧街已经处置过类似的案件了，我们可以借鉴他们的经验。”

范××客气地说：“大哥，您放心吧，我回去做工作，保证不再发生了。”

我仍严肃地说：“好，你转告他们，警察已经盯上他们了，看看是国家的专政工具厉害，还是他们这些来北京惹事的人厉害？敢这么骗人，拿我们当傻子了，我们能够无动于衷吗？”

他客气地说：“我去做工作了，您消消气。”然后转身离开了派出所。

这次同范××谈话后，这样的报警再也没有发生过了。

【马后炮】

从根本上解决问题，必须找对方式方法。

“吧托”这个词应该是新时代的产物，我观察过相关的新闻报道，注意到在北京的一些著名旅游休闲地曾发生过多起“吧托”骗钱的案件，公安机关予以了打击。

这些人都是高智商罪犯，设计的犯罪手段让你分不清是刑事案件还是民事案件，很难定性。针对这样的行为，就是要严厉打击，不给他们犯罪的空间。

20 群租房里面的疑似精神病人

2015 年夏天的一个晚上 10 点多钟，闷热难耐，刚刚下了一点儿小雨，空气中湿度极大，在外面待一会儿就会汗流浃背，北京每年都会有这样的三伏天。

这时候，我们接到位于辖区内一个老旧小区的报警，一个出租房的二房东称，他们出租房里有一个疑似精神病人闹事，害得他们没有办法休息，请民警来处置一下。

我和民警老赵以及辅警小李很快到了现场。进了小区，车位有限，我很费劲地找到一个空位停好车，找到了楼号，然后上楼。在四楼楼道里，50 多岁的二房东扇着扇子，脸上带着无奈的神情迎接我们。我们进了这个两居室，发现里面完全就是一个小旅馆，摆放着许多上下床，床上床下坐着好几个小伙子，我看这里的拥挤度应该仅次于高峰时段的地铁车厢。

在门口旁边一个上下铺的下铺，坐着一个比较瘦小的小伙子，穿着短裤，光着膀子，年龄应该在 20 岁左右，捂着脑袋在“啊啊”

地大喊大叫，我过去问他："小伙子，怎么了?"他好像根本就没有听见我的话，继续嚷着说："不知道，不知道。"

我把二房东叫到了楼道里问他怎么回事？他不解地说："我也不知道，这个小伙子来这里住了一星期了，开始几天还很正常，这两天老是大喊大叫，影响他人休息，不知道为什么。"

我问他："你这样群租房子，有营业执照吗?"他不好意思地说："没有。"

我继续问他："你知道这个小伙子是干什么工作的吗?"他告诉我，小伙子是西北人，可能是这几天没有找到工作，钱也不多了，没准儿是太过着急引起的。

我心里大概知道是怎么回事了，回到了屋子，小伙子继续不停喊叫着，我对他说："小伙子，你冷静点儿，不然就带你回派出所了。"小伙子还是不听劝，继续吼叫着。

我给老赵做了个手势，我们两个一边一个驾着小伙子的胳膊，从床上拉着他下来，然后拖着他下楼。小伙子也老实了，我们把他拉进了警车，他也不喊不叫了，算是比较配合。

老赵开车，我和小李在警车后坐押着小伙子，很快到了派出所，交给了值班民警，进一步甄别情况，予以处置。

经过这一番折腾，我们三个人浑身都湿透了……

后来了解到，这个疑似精神病的小伙子曾经学习过做菜，从老家盲目来京，准备到餐厅当厨师，结果可能是水平不够，不少餐厅拒绝了他，这才发现自己随身带的钱不多了，精神压力过大，所以才大喊大叫地发泄。

值班的张警长只好第二天上午安排民警到其住处，把小伙子的物品收拾了一下，然后送他去了位于北清路附近的海淀区收容所，收容所会安排送其回老家。

后来过了不久，这个小区开始整顿，清理了这样的群租房，消除了安全隐患。

【马后炮】

这些年各种执法模式应该体现出民警的强势执法。人民警察是武装性质的国家治安行政力量和刑事司法力量，警察的权威不容漠视、侵害。

我接触过多起这类报警，当事人都是盲目来京，以为在北京可以生存发展下去，可是自己没有一技之长或者技艺不精，又不肯吃苦耐劳，养活不了自己，结果就是没有了生活来源，甚至有些只能露宿街头。像这样的人求助民警，我们只好送其去地区收容所，由收容所送其回老家了。没办法，这就是“大千世界，无奇不有”。

‖ 各类纠纷 ‖

21 究竟谁说的是实话呢?

2008 年夏日的一个晚上 9 点多钟，派出所值班室接到一个报警，称在中关村一号桥附近有一个出租汽车司机同乘客发生纠纷。正在值班的我和同事开着警车很快赶到了现场，在路边儿见到了双方当事人。

报警人名叫小张，河北人，是一位 30 多岁、戴眼镜的男子，正满脸怒气、一副深受委屈的样子站在那里。据了解，他大学毕业后一直在某网络公司上班，现在是北漂一族。

纠纷另一方名叫老王，北京延庆人，是一位 50 岁左右，看上去饱经风霜的老出租车司机，正摆出一副很不屑的样子。

经询问，矛盾发生的经过是这样的：当晚，小张从大运村乘坐老王的出租车到中关村，车费就是一个起步价 10 元。小张说到达中关村停车后，他在出租车上给了出租车司机老王 100 元，要老王找 90 元，但是出租车司机老王说他只给了自己 10 元，双方因此发生了争执，随后，小张就报警了……

情况比较复杂，这样的报警，现场肯定处置不了，我们只好将双方带回了派出所。

在派出所，当着我的面，纠纷双方仍争执不下。

小张指着老王大声说："你这个人没有良心，不讲信用!"

老王反击道："我刚刚出车，没拉了几个活儿，身上就没有 100 元的整票子，你可以随便翻！翻出来我赔你 1000 元。"

“你车上那么多犄角旮旯，我知道你放哪里了？”小张并不相信老王的话。

“你就是想讹我，以为我好蒙骗？我又不是七老八十了，还看不清楚是10块还是100块吗？”

我看着争执的双方，心里盘算着：究竟谁说的对呢？带着疑问，我分别把二人叫到一边询问了情况。

“警察同志，我开出租车六年了，从来就没有出现过这种情况，您可以到我们公司打听打听我说的是不是实话。我有必要干这样的事情吗？我连10元和100元还分不清楚？这个人就是想讹我……”

“我给了司机100元，肯定没错，该找我钱了，司机又不承认了，警察同志您来评评理……”

我说：“你们所说的事实，有证据证明吗？”

两个人面面相觑，翻着白眼想了想，互相看了看，都摇摇头。

听完双方的话，我心里有了数。出警中我们经常会遇到大量的纠纷，可是这种内容“奇葩”的报警我还是头一次遇见，所以处置起来感觉有点棘手，但越有难度的事件我越想搞明白。我处置起来，不能够敷衍了事，“一推六二五”，告知双方到法院起诉解决，而是要探明事情真相，追求完美，体现执法的公平公正。

现在当务之急是找到证据，可双方都拿不出来证据，设想一下事情发生的整个过程，肯定没有录音录像等，仅凭双方自己的口述，当然没有办法证明了。但当警察处于必须要做出判断和裁定的时候，我们的工作既要认真细致，也要滴水不漏、无懈可击，说话要科学、严谨、有理有据，绝不能信口开河，或者引起新的矛盾。

我不动声色地把两人叫到了一起：“你们之间的矛盾我都知道

了，关于钱的问题，你们中必然有一个人记错了，至于是谁，我没有办法、也没有证据评判。现在把你们的身份证给我，我要登记。记住了，警方会进一步甄别，如果查出来这是谁的故意行为，照样可以按照寻衅滋事予以拘留，你们好好想一想。而且我会到你们单位以及社会关系里面了解一下你们的为人、口碑，八九不离十地对你们有所了解，宏观上，是可以判断出来你们谁说的靠谱的。”

两个人听我说完了，都看着我。老王表现得一脸无所谓，而小张的表情却稍微有些紧张起来了。

登记完两人的个人信息后，我将身份证交还给二人，让他们冷静一下，好好想一想事情的经过，等想清楚了再告诉我。

过了不到一个小时，小张嘟嘟囔囔、骂骂咧咧地离开派出所先走了，出租车司机老王找到我说：“您看，这么个事儿，耽误我快两个小时了，我早拉出来100元了，哎，什么人都有。”

我只好一乐，对老王说：“这件事也好解决，下一次你收钱的时候，一定大声说一下‘我收您多少多少钱’这在做买卖的时候叫‘唱收唱付’，你明白吗？”他说：“好，您这个主意好。”

我说：“您赶快出车吧，再和我抱怨一会儿，又耽误您挣钱了。”

老王说：“与您接触，我很有收获。”然后与我道谢后就离开了。

【马后炮】

这样的矛盾的确不多见，出租车司机难道还分不清10元与100元钱了？其实我早就判断出小张在说假话，但这只是判断，并没有证据，我必然不能信口开河，只能通过旁敲侧击、敲山震虎，让说假话的一方心理防线失守、主动放弃。的确，执法的时候需要证据，但不可能什么时候都采集到证据，这就需要执法者运用思考能力和判断能力，去伪存真，保护当事人的合法利益。把群众的事情当成自己的事情来解决，久而久之，就能在群众心中树立起让人信赖的高大形象。

22 这样就是不当得利

海淀区繁华的新中关购物中心汇聚了很多时尚的年轻人，地下一层的特色餐厅更是人满为患。

午后，新中关购物中心地下某川菜餐厅内有人报警。两名女大学生吃完饭离开时，将一部 iPhone 5s 手机遗忘在了桌子上。过了 5 分钟后，她们发现没拿手机，快速赶了回来，却发现手机不见了。两人只好询问服务员是否看见了一部遗失在桌子上的手机，忙碌的服务员说没有看见，俩学生马上报了警。

我和同事很快到了现场，见到了一高一矮的两个姑娘，手机是矮一点的戴眼镜的女学生丢失的，也是她报的警，听完了事情的经过后，我们只好求助监控设备了，看看是否有线索。

在狭小的餐厅操作间里面，我们查看了店内的监控录像，她们的就餐位置正好就在监控范围内，于是我们马上调取出来了监控，清楚地看见了事情的整个来龙去脉。

下午 2 点 10 分，两名女大学生吃完饭后离开川菜餐厅，将 iPhone 5s 手机落在了桌上。

下午 2 点 12 分，穿着黑色和白色上衣的两个姑娘走到还没收拾的桌边坐下，将菜单盖在遗失的手机上。

下午 2 点 14 分，这两个人没有点菜就离开了，随后服务员收拾桌子时，手机已经不在桌上了。

看完监控录像，她们知道手机并不是服务员拿的，而是那两个穿黑色和白色上衣的姑娘拿走的，但是监控里并没有拍摄到两人出了川菜餐厅后的去向，报警的她们的确有些泄气。

“你们学生不挣钱，这手机价格比较贵，我了解这个手机的价格，现在还要 5000 多元呢，一定是家里给买的吧？别难过了，跟我回派出所记份材料，做下遗失登记。”我对正在发呆的她们说。

两个学生小声嘀咕了几句，然后对我说：“警察叔叔，我估计拿我手机的两个人虽然没有在这里吃饭，但很有可能在附近餐厅吃饭，我们找一找，好不好？”

我一听觉得有道理，答应道：“好，我们在楼里找一找，你们就在地下一层转，我上到一层去找，重点就是穿黑白上衣的两个人，特征要记住，我们随时电话联系，如果实在找不到，最后再和我回派出所登记也不迟。”

过了 5 分钟左右，我的手机响了，正是那位报警的女学生打过来的，她告诉我，她在地下一层一家日式餐厅里发现了那两个穿黑、白上衣的姑娘，我和同事马上赶了过去。

我们赶到日式餐厅的时候，四个人正在餐厅的一个角落争执，两名女学生站着让坐在餐桌边上的穿黑、白衣服的两个姑娘交出手机，两人说根本不知道她在说什么。我知道这样的争吵继续下去肯定没有结果，便一边打开随身携带的执法记录仪，一边让同事把报警的女学生带出餐厅，我单独与她们正面交涉。

我仔细看了看眼前的这两个姑娘，黑、白色上衣和发型都和刚才监控里面看到的人物相吻合，两人看上去也就20岁出头，穿着打扮也很时尚。

我坐下来，对她们心平气和地说："刚才你们到川菜餐厅吃饭，没有点菜就离开了，拿走手机的过程监控看得非常清楚。你们需要看看吗？"

她们的脸色有点不自然了。

我继续说："虽然拿走手机不是盗窃行为，但属于不当得利，应该返还手机并接受道德谴责。但换句话说，谁都有遗失东西的时候，要互相理解。你们看看那边丢手机的女孩儿，她还是名学生，如果丢手机的是你们肯定更着急。你们都是聪明的姑娘，别犯糊涂，那部iPhone 5s手机在不在你们身上？"

两个姑娘互相看了看，还是没有说话。

我感觉到两个人还是不想拿出手机，我觉得我说话需要加强力度，还要讲求策略。

我继续说："你们要是不配合我工作，不拿出来手机，我可以让你们的父母以及单位的领导、朋友、同学等跟你们有社会关系的人一起到派出所，咱们一起看着监控录像好好辩论一下，看看拿走手机的是不是你们，这样做有没有道理？虽然手机不是盗窃得来的，但是这样做是不道德的，因为这不是通过心安理得的方式得到的呀！君子爱财，取之有道。你们不要执迷不悟了，我有很多的办法让你们交出手机，而且会让你们更无地自容的。比如，让遗失手机的姑娘起诉你们，这样对你们的负面影响肯定是不小的。你们思考一下吧。”

穿白色上衣的姑娘让我给说动了，有些尴尬的从身边儿精致的皮包里拿出来一部 iPhone 5s 手机交给我说道：“是我拿的，是这个吧？”

我接过手机看了看，的确是遗失的 iPhone 5s 手机，我对她说：“这样不是挺好的？你们继续吃饭吧，事情就这样了，就当这是生活中的一个插曲。”

两个姑娘不好意思地苦笑了一下，继续大快朵颐。

随后我出了餐厅的门口，将手机递给了报警的姑娘，她检查了一下，看到失而复得手机高兴得连连道谢，一个劲儿地追问怎么要回手机的？我只好说：“说话是需要讲究水平和艺术的，吵架肯定是要不回来的。”

看见她们高兴的离开了，我的确有了一丝成就感，可是我心里还是感觉到不舒服，因为我自责自己为什么没有想到这样的办法——再次在大厦里面搜寻一下。这说明我对工作只是例行公事的态度，只想着让她们回派出所登记，没有达到“以民为本”的程度。丝丝的惭愧让我感觉还是没有达到群众的期望。

【马后炮】

不当得利，是指没有合法依据，做出有损他人而取得利益的事。不当得利的法律事实发生以后，就在不当得利人与利益所有人（受害人）之间产生了一种权利义务的关系，即利益所有人有权请求不当得利人返还不应得的利益，不当得利者有义务返还，这就在双方之间产生了一种

“债”的关系。

我系统地学习过法律知识，作为一名执法者，首先应该是懂法的，尤其给群众解答问题，更要清晰明确，不能模棱两可，否则就是不负责任。掌握的法律知识应该越多越好，这样工作起来才会得心应手。现在法律知识更新很快，需要不断学习，与时俱进。

23 婚宴那点事儿

夏夜，中关村西区某大型高档豪华餐厅内，丁先生一家六口（父母、妻子、岳父母）因为准备在此预订婚宴而到这家餐厅试吃菜品，店家称如果能预订婚宴酒席，试吃的消费可以打五折，丁先生一家人试吃之后对这里的饭菜还比较满意，就查看了餐厅次年的婚宴预订表，看到6月16日这一天还没有订出去，当即全家人就敲定次年6月16日婚礼就在这家餐厅办了，并签了订婚宴的合同。

然而，就在丁先生准备对五折餐费结账的时候，餐厅经理突然告知，6月16日已经订出去了，只能改婚礼日期，一家人不干了，争执到晚上9点多钟，丁先生报了警。

接警后，我们很快坐警车来到了现场，在豪华的包间里面找到了纠纷双方了解完情况后，我把餐厅经理叫到一边问道：“明年6月16日的婚宴，你们餐厅是不是同客人签订了合同？”

经理说：“没签合同，就是口头答应了一个朋友。”

我翻看着餐厅婚宴的预定时间表，随口问：“从记录上看，明年6月16日这天并没有标注预定婚宴啊？”

经理说：“由于我们工作疏忽，没有及时标注清楚。”

我说：“你们这是违约在先，既然订出去了，为什么刚开始还要告诉客人有这个时间呢？而且你们只是口头答应了朋友，并没有签订合同，最终还是要以合同为准，谁先签订合同算谁的，这个也是基本的法律常识。”

听了我的话，餐厅的几位负责人表示很为难，说道：“我们已经答应朋友了，真不好意思更改！”

我说：“没有签合同就没有法律效力，做生意不能不讲信誉啊。”

他们无言以对。

我继续做餐厅经理的工作，指出他们这样言而无信是制造矛盾的焦点，是矛盾的导火索，我们不能够容忍他们这样不负责任地对待客人。

经过大约半个小时的协调，餐厅方面终于同意将6月16日的婚宴订给丁先生。等我把好消息告诉在包间里等待的丁先生一家人的时候，本以为他们会很高兴，结果丁先生的老父亲又变卦了，由于先前的不愉快，不打算在此餐厅订婚宴了。的确，毕竟是买方市场，人家有选择的权利，只是我之前所做的工作化为了乌有。

餐厅经理知道后对我说：“我们已经协调让步了，希望您能够公平公正地解决，维护我们的合法权益。”

我说：“放心吧，可是人家有权利选择在不在你们这里订餐，但今晚餐费还是应该付的，至于有没有那么大的折扣，你们双方协商吧。”

我本以为纠纷重点是婚礼预定日期的问题，没想到双方又因为试吃菜品的餐费第二次发生了争执，当晚丁先生一家消费2700余元，餐厅要求折后不能少于1500元，因为之前长时间的争执，丁先生全家很不愉快，只愿意出1200元，双方因此又争执不下。此时已经临近午夜12点了，为了不耽误处理其他警情，我决定将双方带回派出所继续调解。

在同丁先生坐电梯下楼的时候，我对他说："1500元和1200元，你为了这300元的餐费争执这么久，现在还让全家，尤其是您未来的岳父母到派出所继续耽误一晚上，值得吗?"

丁先生默不作声，电梯到了大厦一层，丁先生表示同意餐厅的要求，马上支付1500元的餐费，双方终于达成一致，纠纷圆满解决。

此时，已经是午夜12点多了。

【马后炮】

我一听店家的解释就知道他们理由很牵强、不占理，通过我们的思想工作店家让步后，丁先生一家又不干了。一个小纠纷却一波三折，整个过程考验的是民警的应变能力和调解纠纷的技巧。

我在出警工作中，只要是可以在现场解决的，会发挥自己的主观能动性，尽量予以解决，一般不会带回派出所，把矛盾上交，让警车成为"摆渡车"。当然，也要具体情况具体分析。

24 谁要点煤气？

初春的一天，早上8点35分，正收拾东西准备9点钟交班的我，突然接到市局三级布警，称某高档小区一居民家中发生纠纷，男主人报警称其妻子要点燃煤气。看情况紧急，我二话不说，马上叫上搭档老刘以及辅警小张，带上单警装备大步流星地走出门，钻进警车，迅速赶往现场。

路上我给报警人打了多次电话，可对方就是不接，估计正吵在兴头上呢。可万一是已经点燃了煤气了，报警人生死未卜又该如何是好？我又担心起来。

到达小区门口，在这栋楼的电梯下面，我算是松了口气，没有看见现场恐慌、聚集的群众，也没有看见哪个窗户在冒烟，说明没出大事，没有爆炸，很有可能就是虚惊一场。

电梯停在了11层，我们二人习惯性地打开执法记录仪，敲开房间，站在眼前的是一个戴眼镜、40岁左右、知识分子模样的男人。

“警察同志，没事了，你们回去吧，不用管了。”男人一脸无奈地说。

我问：“请问是您报的警吧？”

男人说：“是的！”

我说：“你报警的内容是你爱人要点燃煤气，如果真是这样，那么显然就是涉嫌危害公共安全，属于严重犯罪行为。为了防止问题发生，同时也是为了你的安全着想，我们需要按照规定程序了解情况，以便排除安全隐患。您放心，我们不会你让走就走的。”我们三人被他让进屋内。

报警人家庭条件很好，客厅宽敞整洁，我往桌子处看去，一个40岁左右披头散发的中年女人正趴在桌子上哭呢。

中年女人看见我们来了，突然激动起来，冲着我们大喊着：“谁让你们来的?”

我说：“你老公报警了!”

中年女人说：“这件事根本不用你们管。”

我大声地告诉她：“你老公报警说你要点煤气，作为警察我们必须介入，假如你点燃煤气，那就是涉嫌危害公共安全，我们可以直接给你戴上手铐。你先生要是不报警，我们也不愿意介入你们家的矛盾，更不可能主动上你们家来。”

女人听了我的话后，一时无言以对，继续趴在桌上哭泣。

我缓声问道：“发生什么矛盾了?”

男人说：“我们上中学的儿子这次考试失利，成绩不理想。就因为这个，我俩一早起来就开始吵架，谁知道越吵越凶，后来我媳妇甚至说不想活了，要点燃煤气，还把我推出家门，我一着急就报警了。”

我说：“家家都有本难念的经，吵架也是正常的，但不能和小孩子一样什么都说，报个警也不加思索。你们也是成年人了，再冲动也要知道什么该做什么不该做。你要是真的因为危害公共安全而造成严重后果，那不但影响自己生命财产安全，连邻居都得遭殃，到那时候你就得承担刑事责任了。”

两口子沉默了，这时候，一个老太太从卧室里伸出头看了大家一眼，我估计这位就是他们两人的母亲。随后，我们二人按照标准流程给男女双方做了登记，并在征求男人意见后，让男人在出警记录本上写上“家庭矛盾，不需要民警介入了”，然后签字。

再次确认无误后我们准备离开，就在这时，男人突然冒出来一句话：“你们把我妈送到南京去吧，我出钱！”

这句莫名其妙的话让我们又气又笑……

我有礼貌地说：“我们是警察，是国家的专政工具，不是谁家的家丁，这事我们可帮不上忙。这次就不予追究了，如果再有随便夸大其实的报警，我们是可以对你进行处罚的，请你理解。”

他没有说话，我们转身离开了。

回去的路上，我对老刘说：“这个人是某大学毕业的，因为那个时候身份证号码我帮助编制过。看来这个人看书是看傻了，思维有问题，他可能认为警察是可以随便指使的。不太理解这个人。”

【马后炮】

民警工作中时常接到一些故意夸大事实的报警，那也需要到现场才能够甄别清楚，再采取相对应的措施解决纠纷、化解矛盾。“兵来将挡，水来土掩”，并没有那么不容易，尤其是遇见个别人，还要好调整好心态，不要同他们一般见识。否则，让自己生气的事情太多太多了。

25 如此“为人师表”的拉丁舞老师

某天半夜，近晚上 12 点，海淀医院门前路边儿发生了一起纠纷。一个出租车司机报警称，4 名乘客打车不给钱，并将汽车损坏，乘客已经去海淀医院急诊室就诊了。

我们一行三人及时赶到现场，见到了报警的出租车司机老毕。他给我的印象就是“老实巴交”。他说，发生纠纷的人到医院急诊室去了。我们领着他走到了不远处的急诊室，找到了正在看病的四名乘客（两男两女），听了他们的叙述，了解了事情的详细情况。

当晚，拉丁舞女老师带着三名学生吃晚饭，喝了一些酒后又到练功房练功。练功的过程中一高个子男生手扶着墙边儿的镜子时不慎将镜子按破了，手被镜面划伤，鲜血直流。女老师一行四人马上打车赶往最近的医院，他们乘坐的就是老毕的出租车。当出租车由北向南行驶到黄庄路口准备左转时，正巧赶上红灯，老毕将车停下了，受伤的小伙子用毛巾捂着流血的手，痛苦地呻吟。车上的乘客非常着急，在这个路口左转弯就是海淀医院，乘客让老毕加速闯红灯通过，并答应给他 200 元用于罚款的费用，老毕没有答应乘客的要求，因此双方就在车上发生了争执。待老毕将乘客送到海淀医院门口后，乘客气愤地拒不付车费，同时同行的矮个子男生向出租车右前车门狠踹了一脚，造成右车门明显凹陷，四名乘客扔下司机就到医院就诊去了。

我们几个人（除了高个子的小伙子和另一个随行的姑娘）回到

了现场，仔细看了看出租车的右前车门，凹陷的确很明显，如果到4S店修理，大概需要1000元，一般修理厂大概500元可以修理好。出租车司机一般都会去一般的修理厂维修，省事又省钱。

我把出租车司机老毕叫到一边儿："你的这个车门，修车费用大概500元，再加100元误工费用，让他们赔偿你600元，你看是否可以?"

老毕说："修车的确差不多500元，警察同志，我听您的。"

与此同时，民警老汪同乘客一方沟通。受伤学生的手只是划伤，并无大碍，正在接受治疗。乘客一方也承认他们一气之下冲动的踹车行为不妥。

原本我以为事情可以解决得很顺利，但接下来的一幕却出乎我意料，由于4名乘客均是酒后状态，虽然承认踹车行为不对，但拒不配合民警的调解工作。

4人中年纪最长的拉丁舞女教师情绪非常激动，在现场就大骂出租车司机没有人性，没有同情心，没有及时将他们拉到医院，延误了治疗时间……而那个踹车的矮个子男生也跟着气愤地大骂，痛斥司机如何不近人情，还试图拉着大家马上走，不赔钱就想离开。

我大声喝住矮个子学生，说："你们同出租车司机发生矛盾之后不应该采取这样极端的方式解决。骂两句就罢了，干吗要踹人家车？这样就是损坏公私财物了，按照《治安管理处罚法》是可以行政拘留你的，民警已经到现场了，你还是这种态度，是不是不想解决问题了？如果你现在不配合我们工作，我们就会把你抓起来，戴上手铐。我明确告诉你，你要是不听劝，后果很严重，我们不是求着你调解解决，我们是警察，不是幼儿园阿姨，没必要哄着你们!"

矮个子学生听了我的训斥，逐渐安静了下来。

我看着眼前这位 40 岁左右、高高个子的拉丁舞女教师，对她说：“他们三个是你的学生，你应该起到积极的表率作用呀，他们可以不冷静，你做老师的应该理智一些吧！你们单位里还有没有其他人？你的同事、领导，都可以请过来一起说说你们这样做事对不对，你看看怎么解决好？”

拉丁舞女教师说：“我老公出差去外地了，来不了。不管谁来都不给出租车司机钱，看你们怎么办！”

我很平静的继续说道：“刚才，你的一言一行我都用执法记录仪都录下来了，你也是一名教师，你觉得单位的领导看到你这样带学生会支持你吗？你不赔钱就想一走了之绝对不可能，不信你就试试。”我语气强硬起来。

拉丁舞女教师一听，语气也缓和了下来，问我如何最快解决问题。

我说：“刚才我们简单评估了一下修车和司机误工的费用，你们赔偿司机 600 元钱，双方把事情说开，这是最简单的解决方式。如果你们拒绝对造成的损失进行经济赔偿，并且仍旧像刚才那样大呼小叫不好好配合我们工作，那么，根据《治安管理处罚法》相关规定，请你们随我到派出所，等你们清醒之后，我们再好好谈这件事，对出租车已经造成的经济损失，作价后可以酌情考虑是不是要拘留这位踹车的学生，我们可不是求着你们这样解决，是让你们选择。”

拉丁舞女教师想了想说：“我们赔偿吧，可是我身上没有那么多现金，我得去取钱。”

随后，我开着警车带着女教师找到我们派出所对面的 ATM 机取了现金，回到现场，同事又让纠纷双方在出警记录上签了字。我以为女教师会把600元现金交给民警或者递给出租车司机，接下来的一幕更让人瞠目结舌，女教师将钱愤愤地摔在地上，带着学生扬长而去……

如此低素质的老师，气得我真想第二天到他们学校找他们领导反映一下他们这种恶劣的行径，拿出来执法记录仪，让学校领导看看他们丑陋的“表演”，看看这位老师是如何为人师表的，还有看看踹车的学生是不是应该承担相应的处罚。

忙碌了两个多小时，的确也累了，这些个人修养差的人常常让我心力交瘁。最后想想，还是算了吧，“人在做天在看”，“善有善报，恶有恶报”。

【马后炮】

因为工作原因，民警会接触到各式各样的人，我深刻地体会到素质并不是同文化程度和职业成正比的，当面对形形色色的人，处理千奇百怪的问题时，警察更需要有颗平常心，公平公正执法是我们的宗旨。不过，还是需要完善相关法律，让人民警察的腰杆“硬”起来，让胆敢冒犯警察尊严的人心生畏惧。

26 公平处置喝酒引发的小矛盾

冬季的一天晚上11点多，一个小伙子刚刚同两个哥们儿喝完酒，喝得比较多，分手后各自回家。他走错了路，醉眼蒙眬地闯进了位于海淀区苏州街附近一座高档写字楼里。

在大厦大厅里面值班的保安拦住了他，问他要去哪里，他晕晕乎乎的也说不清楚，就是非要往里面闯，结果同保安发生了冲突。争执推搡中，他摇摇晃晃地将大厅里面摆放的一个大型花盆打碎了，保安报了警，说有人闹事。

正在值班的我接到所里布警迅速赶到了现场。通过现场询问，大致了解事情经过后，我仔细观察了现场物品的损坏情况。只见在大厅的一角，一个大型的黑色花盆（直径60厘米，高70厘米左右）被打翻在地，破碎的黑色瓷片、盆内的土以及种植的凤尾竹撒了一地。

此时，刚才还醉得稀里糊涂的小伙子（戴眼镜，文质彬彬），见民警来到现场似乎也清醒了一些。他与刚刚一起喝酒的两个哥们儿电话联系后告诉我，那两个人正在往这里赶来。

在此期间，我思考了一下，已经在心里对现场的损失及大概的调解方向有了底。

过了几分钟，我见值班的保安队长和醉酒小伙的哥们儿都已经到了现场，我将双方拉到一起。

“小伙子，今晚上有什么高兴事啊，这酒可没少喝，你们两个和他一起喝酒看他喝成这样就放心让他一个人回家？这是万幸没出什么大事，要真出了大事，你们怎么对他的家人交代啊！”我首先对醉酒小伙和陪伴他的哥们儿进行了批评。

“我看了看，虽然造成了一些损失但后果不算严重，你们先自己协商一下，看看怎么给人家把打碎的花盆赔偿了，不早了，赶紧解决然后回家休息吧！”我继续说道。

“好好好，没问题，打坏的东西我们肯定得赔!”醉酒小伙的两个哥们儿马上说。

可就是这看似简单的赔偿问题，双方在接下来的协商过程中又再次发生了冲突。

保安队长拿出了得理不饶人的劲头儿，张口就要 800 元，而且没得商量，可三个小伙子最多只同意赔 300 元。双方你一言我一语，声调越来越高，互不相让。

“行了，行了，你们先听我说!”眼看双方僵持不下，火药味也越来越浓，我及时喝止住双方。作为民警，就应该同主持人一样，主导事情解决的方向。

由于我平时也喜欢在家摆弄一些花花草草，也是花卉市场的常客，对这盆花的损失心里大概有谱儿。于是我首先将保安队长拉到一边做起了工作。

“你看时间也不早了，小伙子虽然和咱们保安兄弟发生了不愉快，又打碎了花盆，但他毕竟是喝多了，现在清醒了，不是也道歉了嘛。让他们赔钱、长点教训是应该的，但也得合情合理。我自己也养花，对这花的价格，包括各种花盆儿的价格等多少知道点。800 块钱肯定是贵了，我看公平的价格 400 元应该就差不多了。”

我又对醉酒的小伙子和他的朋友说：“花盆儿本身不贵，可是人家还需要购买、运输、重新栽培，的确给人家添麻烦了，所以，赔偿 400 元也是合理的范畴。”

经过一番调解，我做通了双方的工作，最终双方对赔偿 400 元的调解结果都表示满意。也对我的调解表示了感谢。

大家很快散去了，大厦恢复了往日的平静。

【马后炮】

纠纷虽小，却需要民警凭借丰富的经验合理的掌握分寸和尺度。在处理和调解过程中，不但要求民警能够熟练地运用法律知识，更要将一些日积月累的社会、生活常识合理地运用到工作中去。

民警出警就是四个步骤：迅速到达现场，快速了解情况，找出矛盾焦点，化解可以在现场解决的矛盾。

27 都是拒载惹的祸

某年秋季的一个周末，晚上7点多钟，在中关村西区某邮局门前，一对打扮时尚的小情侣站在路边儿，一边有说有笑，一边不时地向路过的出租车招手。不一会儿，一辆顶部亮着空车灯的出租车停在了他们身边儿。就在帅哥温柔地牵着美女的手准备拉开车门上车的时候，出租车副驾驶室的车窗降了下来。

“去哪啊?”面带倦意的出租车司机压低身子探头问道。

“双榆树，华星国际影城。”帅哥回答。

从中关村到双榆树直线距离2.5公里左右，但却要途经目前比较拥堵的中关村大街、科学院南路等路段，也许考虑到距离太近不划算，出租车司机嘴一撇，冒出一句：“你打别的车吧。”嘴里一边说着一边就挂挡加油准备离开。

晚高峰的中关村，出租车是一车难求啊！更何况身边还有个皱着眉头的美女。见好不容易等来的出租车挂挡要“颠儿”，帅哥气不打一处来，大喝一声：“你凭什么拒载！想走，没门！”

说时迟那时快，只见他右手扒住已经启动的出租车副驾驶的门框，左手甩开皱眉的美女，直接从开着的车窗将自己上半个身体塞进了副驾驶室。

司机故意加油想摆脱帅哥，可还是被眼前这个场景吓傻了，副驾驶室的窗户上挂着那位帅哥，直着开出100多米才停了下来。后面的情况不说大家也应该能够猜到，车停下来后，司机和帅哥就发生了激烈争吵，甚至开始互相推搡。就在大战一触即发的关键时刻，热心的围观群众拨打了报警电话。

接到布警的我们迅速到了现场，此时在热心群众和美女的努力下，司机和帅哥虽然已经被分开，但双方的骂战却依然没有停止。现场不仅围观的群众很多，途经此处的车辆也都减速看热闹，造成了轻微的拥堵。

我立刻上前制止了双方的争吵，同时由辅警协助将围观的“热心群众”疏散。我们将司机和帅哥美女带到警车边上，通过简单的询问得知两人刚才只是推搡并没有真正动手，加上目测双方除了因为刚才嚷嚷有点脸红脖子粗以外，没有看见有外伤。我因为担心双方打架受伤而悬着的心放了下来，知道了后果不严重，问题可以在现场解决。

因为《治安管理处罚法》第9条规定：“对于因民间纠纷引起的打架斗殴或者损毁他人财物等违法治安管理行为，情节较轻的，公安机关可以调解处理……”在确认了事情是因为打车而起的纠纷后，我心里有了底。显然这件事的起因就是司机没有正当理由而拒载，司机是理亏和有全部责任的一方。

我说："空车干吗不拉人家?"

司机狡辩道："我不是空车，他非要上我的车!"

我说："抬头，你看看那根电线杆上的是什么，那叫监控，知道吗?你说的是不是实话，我们一起看看监控录像就知道了！要看看吗?"

司机低下头无话可说了。

"你以为警察都是傻子呀?你说什么都不加分析地相信你，就你聪明，我可以拿出来证据证明你说的是谎话，上面这个探头的监控室就在附近，我现在就可以带你去看录像，看看你说的到底是不是实话，你去不去呀?"

司机鼓着嘴，斜着眼睛看着我，我怒视着他，并大声问他："到底去不去看?"

我身边围观的群众不少，我也想让大家看看，我们警察在执法办案时是严谨的，是有理有据的。客观地说，也算是现场普法了。

他摇摇头。

我说："你到底是不是拒载?"

他小声地说："是。"

我说："你这样做多危险呀！万一人家从车上掉下来了，摔伤了，你的娄子就捅大了。还有，你拒载，群众举报你，你公司查实后也会对你进行相应的处罚，这些你自己都明白吧?"

我见司机知道理亏了，话锋一转，语气里多了几分严肃说："如果现场不能解决，你们得跟我回派出所解决，但那样又要耽误你几个小时。你一个小时怎么也能够挣点钱，几个小时大概挣多少，你自己肯定清楚，你挣钱也不容易，如果对方能原谅你，咱们最好现场解决。”

司机点点头。

我说：“你赔偿人家100元，也是让自己接受教训，怎么样？”

司机说：“可以。”

做完司机的工作，我又转向了帅哥，把他叫到了一边儿。

我说：“伤势怎么样，需要不需要去医院看看病？”

“没事没事！”帅哥抖抖胳膊说道。

我说：“你看看需要怎么解决呀？”

帅哥说：“您说，我相信您能够解决好！”

我说：“这样，大周末的，我刚才已经批评司机了，他也认识到自己的错误，我让他给你道个歉，赔偿你100元，给他一点儿惩罚。然后你带女朋友接着看电影去，怎么样？”

帅哥：“可以，没问题！”

我向站在远处的司机招了招手，司机快步走了过来。

我说：“刚才该说的我都已经说了，接下来就看你的了！”

司机面带歉意说：“对不起兄弟，都怪我，你消消气！赔偿你100元。”

帅哥一笑：“好的，师傅，其实刚才我也不太冷静。”边说边接过司机递过来的100元纸币。

通过我的快速调解，刚才还剑拔弩张的司机和帅哥握手言和了。办完出警登记手续，司机继续开车挣钱，小情侣继续甜蜜地去看电影，而我也再次驾车上路继续执行我们的巡逻任务，围观的群众也散去了，现场恢复了平静。

【花絮】

在我进行调解的过程中，现场有个姑娘一直默默地站在不远处倾听我和双方当事人谈话。当我发现后，就问姑娘为什么对我的出警工作感兴趣。姑娘告诉我，她是北京大学心理系的学生，想看看民警是如何处置这个报警、如何分析双方的心理活动的。通过观察整个过程，姑娘感觉我处置得科学、得当。在离开时，姑娘留下了我的联系方式，希望我有时间可以去和她同学们讲讲自己出警、调解的故事。

【马后炮】

现场调解工作要求民警快速对现场情况进行分析，在确定了适用的调解方案的情况下，充分利用可以掌握的有利证据打消有过错一方的侥幸心理，使其充分认识到自己的错误，从而让调解工作能够顺利进行下去并达到满意的效果。

28 报警人竟对警察如此无礼

某年春天的一天下午3点多钟，我们接到派出所布警，中关村西区黄庄路口有一个餐厅的女保洁员被人非礼。

接到报警后，我和所里的女同事王大姐一同赶赴现场。在报警地，我们见到了报警人——一位外地来京务工的42岁的中年妇女。见到民警来了，这位满脸沧桑的保洁员和她20岁左右高高大大的儿子快步迎了上来。没等我们下车站稳，保洁员大姐便操着很浓的家乡话，描述起了她的遭遇。

原来，当天下午2点多钟，餐厅午餐高峰时段结束后，见客人都走空了，保洁员大姐操起家伙事儿，开始了她的打扫清洁工作。就在对餐厅营业区域进行打扫的过程中，餐厅里面的一个40多岁的厨师趁她不备，走过来抱住了她，想对她进行非礼，她奋起反抗，那个厨师才松了手。说到激动的时候，保洁员大姐一边比画，一边突然从后面抱住了站在我身边儿的民警王大姐，说："他就这样……"

"哎！哎！哎！你干吗啊！"王大姐显然被保洁大姐的突然举动吓了一跳。

原来，保洁大姐怕自己说的民警听不明白，情急之下想给我们演示一下。听到王大姐的尖叫，保洁大姐意识到了自己行为有些鲁莽和不妥，赶紧松开了手。

围观的一个群众，忍不住笑出声儿来。

"别激动，别激动，有话慢慢说！"见到保洁大姐情绪激动，我赶快劝慰道。

我问："你来餐厅工作多长时间了？"

保洁大姐回答："两个月了！"

我问："以前发生过类似事情吗？"

保洁大姐回答："没有，就是这个厨师经常对我说挑逗的怪话。"

随后，我们又跟随保洁大姐来到她工作的餐厅。当问到事情是在哪发生时，保洁大姐指着餐厅一个靠窗的位子说："就在这里。"

通过对现场进行观察，我没有发现现场有监控设备，通过询问餐厅经理，经理也证实，除了收银台等几个重点部位以外，餐厅并没有做到监控全覆盖。通过保洁大姐的描述，我们了解到事情发生时餐厅只有厨师和保洁大姐两个人。

此时，根据多年的工作经验，我知道：由于没有厨师对保洁大姐实施非礼行为的有利证据，加上这种行为本身也没有造成严重后果，想要通过法律手段制裁这位“想入非非”的大厨是很难的；但无论如何也不能纵容这样的人胡作非为，必须得让他得到教训！

走到餐厅经理办公室，我心里已经有数了，让餐厅女经理把那个厨师叫过来。不一会儿，一个40多岁、身穿满是油渍的工作服、胖胖的还有些邋遢的男厨师抽着烟走了过来。

“把烟掐了，出示一下你的身份证！”我严肃地说道。

“知道我们找你干吗么？”我一边将大厨递过来的身份证转交给同事王大姐进行登记、核录，一边问道。

大厨说：“俺不知道。”

我说：“今天你对那个女保洁员做什么了，你自己不知道？”

大厨说：“警察同志，我真的啥也没做啊！”

大厨估计知道警察手里没有确凿的证据，对自己的所作所为矢口否认。

“你自己做了什么你自己心里清楚，人家不会无缘无故地栽赃你！餐厅这么多工作人员，人家为什么不举报别人？就你今天做这事，你家里人、村里人知道后会怎么看你？换做是你媳妇儿出去打工遇到这事儿你什么感受？”见大厨拼命抵赖，我提高了声调。

“就你这种行为，如果我们通报给其他餐厅，你觉得你还能再找到工作吗？再说，今天要不是我们拦着，人家保洁大姐的儿子肯定得揍你！”

此时，大厨脸上已经没有了刚才那种百般抵赖的劲儿，而是低下头一言不发。

我对他说：“你好自为之吧，你可以走了。”

他起身离开了。

在餐厅办公室，我与餐厅的女经理和保洁大姐沟通了一会儿，叮嘱保洁大姐万一再遇到这种事，在及时报警的同时还要注意保留证据。

最后，我告诉餐厅女经理，从员工进入餐厅工作的那一刻起，就要进行守法教育，对有问题的员工要及时发现、及时清理。女经理表示，今后绝对会加强对员工的教育，杜绝类似事情的发生。同时还表示，对本次事件绝不姑息，立刻就让大厨结工资走人。

民警在执法时要有证据意识，可是有些现场没有可以收集的证据，只有从细节和分析双方微表情来推断哪方所说是事实了。

【马后炮】

民警出警时总会遇到各种难题，灵活掌握对事件处理的尺度至关重要。要达到惩恶扬善、治病救人的效果，就要求民警不仅要在工作中滴水不漏，还要积累丰富的工作经验，看看法官是如何审判案件认定证据的、检察官是如何认定犯罪的、律师是如何进行辩护的，对提高执法素养大有裨益。

29 用菜刀敲门的邻居

夏天的一个夜晚，闷热、湿度极大。海淀区稻香园附近某老旧小区楼道内发出了“砰、砰、砰”的巨大声响，一个50多岁的男人光着膀子、满身酒气，手拿菜刀在砍五楼的木质房门，屋内传来女人的哭声。

原来，五楼的两居室里面住着三个姑娘，是三个月前通过房屋中介介绍搬过来的新住户。由于房子老旧，防水不太好，厕所一洗澡就往楼下漏水，四楼的住户多次上楼来交涉，希望姑娘们维修一下，姑娘们也找中介反映了问题，但中介虽答应解决却迟迟没有行动。

久而久之，五楼住户和四楼住户产生了矛盾。拿菜刀的男人就是四楼的住户，当晚他趁着酒劲上楼去她们交涉，无果后气不打一处来，就开始闹起来。五楼住着的三个姑娘不敢开门，直接报警求助。

接警后，我们马上开着警车赶往现场。路上，我用手机拨打了报警人的电话。电话里，我能够清晰地听见菜刀砍门的“咚咚”声，接电话的是个姑娘，她简单叙述了事情的经过后，声音有些颤抖地说：“警察叔叔，您能够快一点儿吗？他已经把门砍开一条缝了！我们都害怕死了！”

我说：“你不要怕，我们已经在路上了，很快就到。千万不要开门，更不要和他争吵！”

电话里，姑娘突然开始哭泣，带着哭腔求我说：“叔叔，您能不挂电话吗?”

我说:“放心，我不挂电话。警车就快进入小区了，一会儿你就能见到我们了!”这时候，我能够感受到报警人无助、紧张的心情。

同时，我身上的电台又传出分局指挥处的声音，在催促我们迅速将现场情况回复给勤务指挥处，我们的警车也拉响了警笛，加快了速度。

闪着警灯的警车驶进一个道路狭窄、拥挤不堪的老旧小区，我不等同事把车停稳了，就打开执法记录仪，带着保安，跑步冲进楼道。

此时虽接近午夜，楼道里仍然有不少看热闹的人。我一口气爬上楼，到了五楼的一个房间门前，看见一个中年北京爷们儿，光着膀子，正在拿菜刀用力砍门，木头门已经让他砍开了一个直径30厘米左右的不规则大洞。他嘴里还骂骂咧咧的，一边儿砍一边儿骂。

我冲过去大声喊道:“别砍了! 把刀放下!”

中年男子闻声，立刻停了下来，我迅速过去抓住他持刀的手把刀夺了过来。中年男子看到警察来了，还算比较配合，没有过激的反抗。我做好了充分的准备，一有情况，我就会把他按在地上。

中年男子喷着酒气对我说:“警察同志，我也是受害者，过去三个月，她们家漏水，我找她们交涉，她们就让我找中介。漏水漏了三个月了，谁家也受不了啊，今天把我逼急了，我也是实在没有办法了。”

我看了看中年男子，虽然是酒后情绪比较激动，但还没有到失控状态。我对他说:“行了，别嚷嚷! 带我去你们家看看吧。”

我们下楼到了中年男子拥挤的家中看了一下，的确如他所说，楼上漏水比较厉害，卫生间上面水管漏水的地方用白色塑料布包裹着，但仍在不停地漏水。

“解决问题要找合适的方式方法，不要采取过激手段，你这样大晚上的闹事，也不是解决问题的办法呀!”我对中年男子说。

中年男子说：“之前三个月她们不理我，我是没办法了才这样，今天是我冲动了，的确做得过分了。”

我说：“走吧，跟我回派出所，咱们找中介过来，一起商量商量怎么解决一下，你把衣服穿好。”

中年男子接过他媳妇儿递给他的衣服穿上，我们把他和三个吓得战战兢兢的姑娘带回了派出所。

在派出所，值班民警也将中介约来，三方对漏水的问题进行了协商，中介负责重新做防水，彻底解决漏水问题，中年男人负责赔偿五楼木头门的损失。在我的调解下，中年男人和三个姑娘还继续和平做邻居，双方对处理结果都非常满意。

正是：楼上漏水楼下急，跑到楼上来论理，楼上告知找中介，楼下用刀把门劈。

【马后炮】

民警工作时难免会遇见危险情况，我们首先要保护好在场群众，还要保护自己的人身安全。要审时度势地处置问题，酒后持刀的中年男子的行为虽然可怕，但通过侧面了解情况后，我找出了引起男子过激行为的矛盾症结，解决了这个矛盾，危险自然被解除。和谐社会需要大家共同维护。

30 一个啤酒瓶子引发的纠纷

夏天的一个周末夜里1点多钟，我正在值班。派出所突然接到一个110报警，是某高校外美食街的一个餐厅经理打来的，称几个学生在他们那里吃饭，要了一箱“燕京纯生啤酒”，喝完后发现其中一个瓶子上印着“青岛啤酒”的标识，所以怀疑啤酒有问题，要求老板免单，一共700多块钱。

我在电话中和餐厅经理沟通后，经理决定给学生们打个折。没想到这几个学生找了很多理由要老板免单，比如喝出问题怎么办呀、老板不负责任啊、是不是假酒啊诸如此类。

我挂上电话，叫上搭档老刘直奔现场。到了那个大型餐厅后，里面居然热闹非凡，大厅里面有不少食客正在就餐。

报警的男经理在柜台前面接待了我们，简单说明了情况，然后把我们带进了餐厅二楼的一个包间。

包间里面，杯盘狼藉的桌边坐着4名男生和5名女生，正在那里热闹地聊着天。看到我们来了，他们一拥而上和我讲述他们的“不幸经历”。

我把那个关键证据——啤酒瓶拿起来看了看，确实标签和瓶壁上的标识不一致。啤酒瓶外面贴着“燕京纯生啤酒”，而在啤酒瓶上刻着“青岛啤酒”四个透明的字。可能是厂商为了节省资源，回收了啤酒瓶，加工处理后重新灌装贴牌销售。

我说：“你们喝完啤酒，身体有异常反应吗？需不需要去医院看病?”

学生们说:“没什么异常,不用去医院!”

我心想,这几个学生可能是借着酒劲儿成心无理取闹,试图让老板免单。他们心里想的可能是:能够达到目的最好,没有达到目的,打折也可以接受。

我说:“既然身体没有什么异样,说明啤酒没有问题,那你们还有什么要求?”

学生说:“那万一出问题怎么办呢?要不您让这个老板写个字据,证明啤酒是我们在这喝的,一旦出了问题餐厅全权负责,我们也就不追究了!”

知道啤酒没有问题之后,报警的男经理一听这话,立即拿来纸笔给这几个学生写了证明。

我说:“我们可以证明这件事确实存在,但若啤酒没问题,只是包装上有异常的话,你们免单的要求就有些过分了,为了公平、公正,也可以把你们老师请来,评一评这件事你们做得有没有道理。”

学生们想了想,然后对我说:“这种事就没有必要惊动老师了吧。”

我继续说:“学生的本职就是要好好上学,想通过吹毛求疵获取不该得的利益不是你们该做的,要不让你们系主任、班主任老师来,看看你们这样做是否合情合理?”

学生们听到我这番话面面相觑、哑口无言。最后,几名学生并没有要经理写好的那份证明,交了先前商量的打折后的饭钱,没有多说什么就离开了。

餐厅继续营业着，仿佛什么事也没有发生过。

我们出警也要同医生一样，力争做到“药到病除”。而不是拿警车当“摆渡车”，将相关人员带回派出所，把矛盾上交了事。

【马后炮】

处置一个小小的纠纷，也应该体现出公平、公正。学生们在学校学习知识的同时，心智上也应该逐渐成熟起来，多接受一些正能量，把自己培养成为社会栋梁，不要想歪门邪道耍小聪明。其实这件事中，这几句学生明知道自己的所作所为是无理取闹，提出了过分的要求，但还是想贪小便宜罢了。这件事的主要矛盾，是生产厂家的一时疏忽造成的，应该由他们承担责任。

31 维权莫要太“任性”

中关村西区黄庄一带是繁华的购物商圈。一天下午 4 点多钟，一对小夫妻推着婴儿车，带着仅三个月大的婴儿来这里购物。他们来到一个高档服装商铺里挑选自己喜欢的衣服，一个刚上班不久的年轻女孩接待了他们。没想到，挑着挑着，这小两口便开始觉得接待的姑娘不够热情，进而又对她的服务态度感到很不满意，于是要求姑娘道歉。可女孩认为自己没有错误，拒绝道歉，双方发生争执。小两口越想越气，拿出手机报了警，要求民警到现场解决问题。

接警后，我和同事老赵很快赶到现场，找到了报警的小两口。这时，商铺的女经理也赶了过来，等待民警前来处理。我向当事双方了解完情况后，把负责接待的女孩和女经理叫到一边儿做工作。

我说："姑娘，毕竟顾客是上帝，咱们委屈一点儿，说一声对不起也没有什么不可以的，你说对吧？要是他们不依不饶，耽误了店里的生意，那岂不是更不好了？"

听完我说的话，女孩仍坚持己见。这时，女经理也在一旁帮着我对女孩说："你就说一声'对不起'就完了。"女孩左思右想后最终还是同意道歉了。

我陪着女孩一起走过去。女孩紧闭着眼睛，对小两口说了一声"对不起"就马上转身离开了。

我本来认为事情应该可以告一段落了，可那位丈夫说道："这样道歉不行，没有诚意，她必须态度诚恳地再道一次歉。不然，你们警察要处罚她！"

我说："态度不好，我们没有处罚的依据。如果你对警方调解的结果不满意，可以向他们经理和消费者协会反映此事。"

我寻思这下小两口应该不会再有别的要求了。可是过了一会儿，那位丈夫突然说他在国外生活了多年，这种情况在国外是可以处罚的。他越说越生气，非要女孩继续道歉不可。

没想到事情突然发展成这样，我略微思考了一下，平静地说道："国外是国外，咱中国没有这样的法律。况且小姑娘已经向你道歉了，维权是可以的，但是要有尺度、有分寸。态度好不好是每个人理解不同，没有一个明确的标准。女孩子既没有触犯法律，也不违法。我认为，大家应当相互理解，以和为贵，和谐社会就应该和谐一些，你觉得呢？”

这位“海龟”还是不依不饶。我们正说着，现场突然走来三个怒气冲冲的小伙子，走在前面的领头人大声地说：“谁欺负我女朋友了，谁呀？”

这时候，戏剧性的一幕出现了。刚才还不依不饶、理直气壮的男人，此时却躲在我身后。我赶快让同事把小两口和女孩子带到警车上，防止矛盾升级。

随后，我迎着三个小伙子走过去，告诉他们：“警方正在处理此事，你们冷静一下。”领头的小伙子满面怒容，直盯着小两口。

我走到小伙子的面前说：“你冷静点儿，如果你们想妥善解决此事，那一会儿跟我们去派出所，我们到那里继续处理这件事。”小伙子看自己的女朋友没有受伤，表示愿意配合民警工作去派出所解决问题。

回到派出所，那位丈夫费劲地把婴儿车从警车上搬下来，又搬上高高的派出所台阶，然后紧紧跟着我往里走。

在派出所值班大厅里，我看着他惊恐万状的样子，对他说：“怎么了这是？现在明白了吧，凡事一定要适可而止，过犹不及。你怕挨揍了？刚才的嚣张劲儿哪里去了？别老想着自己出口气就行，咱们得多理解别人。更何况你们两个又带着孩子，不嫌麻烦？言传身教，总得为孩子做个好榜样吧？”

我继续说：“不要拿国外如何如何说事，国外也不是什么都好，你现在是在国内，要遵守这里的公序良俗，遵守这里的法律！”

那位丈夫连忙说：“对不起，的确是我过分了，不好意思，给大家添麻烦了。”

最后，小两口也跟小姑娘和女经理道了歉，双方最终握手言和了。

【马后炮】

维权一定要适度，不然就会适得其反，生活中这样的例子特别多。最近，一对中国夫妻在美国准备坐飞机回国，但在飞机上却因为空姐移动了他们的行李而大发雷霆，不依不饶地要求空姐赔偿。结果美国警方在查清事实后，将二人赶下了飞机，理由是他们严重影响了飞行和其他乘客的安全。最后二人不得不向空姐道歉，并重新购买机票登机，还被美方登记了一个在美国旅游的不良记录，损失不小。这个就是维权不当的真实案例。

32 己所不欲勿施于人

深秋，细雨绵绵，下午 3 点多钟，我们接到辖区某商住两用大厦内一位房东打来的报警电话，称租房日期到了，租房人却不肯离开，希望民警将他们赶出房间，保护自己的合法权益。

这个咖啡色的高档大厦里面，有不少怀揣着创业理想的年轻人在这里租房子开公司。

大厦内部结构复杂，如同迷宫一样。拐来拐去，在物业工作人员的带领下，我们在十一层某个房间门口见到了报警的房东——50 岁左右、戴眼镜、看上去斯文又倔强的男人。听房东解释后，我了解到双方签订了一年的租房合同，租金是每月 12000 元，现在合同到期了，房东认为租房人用滚轮椅子导致地毯被划破，于是扣了租房人的一个月押金，租房的一方因此拒绝搬家，双方发生了纠纷。

我问房东，地毯在房子出租时是新的还是旧的，房东表示是旧的。

我安排房东在门口等候，自己进屋再了解一下情况。

我敲开房间的门，进去一看，四个小伙子在屋里坐着，房间面积大约 100 平方米，还有一个小阁楼，办公条件很不错。我对他们说："你们谁负责呀？跟我讲讲发生什么矛盾了。"

一个 30 多岁的小伙子站了起来，说他负责。我和他在办公桌边坐了下来。通过身份核实，确认小伙子是"北漂一族"，他义愤填膺地说："这个房东太过分了！我们搬进来的时候这个地毯就是旧的，我们就是正常使用，并没有用坏，他非说被我们的椅子脚划破了，要求赔偿。他就是吹毛求疵，非要扣我们的押金 12000 元！要是扣几百元我们也就算了，可扣这么多，我们当然不干了，您给评评理！"

我一听就明白了，把房东叫了进来。待双方坐下来后，我板着脸对他们说："你们租房肯定有合同，看看合同的第五项违约责任，应该是发生争执之后，选择调解、仲裁、诉讼解决，没有一条是选择到派出所解决吧？你们的合同也没有到派出所备案和审批吧？"两个人都点了点头。

看两个人都明白了处境，我继续说："你们如果相信我，能够公平合理地解决，我就尝试给你们调解一下，不成的话，你们只好去法院，走诉讼程序了。"他们两人都说，希望我给调解一下。

我又分别与两人单独谈话。在楼道里，我明确告知房东：第一，到法院诉讼，法官很难支持你，扣押押金的理由太牵强，证据不足，因为损毁的地毯要作价、鉴定；第二，租房人不搬家，房子就租不出去，时间拖得越久你的损失越大，民警可没有权力强令租房人搬走；第三，己所不欲，勿施于人。凡事都要适度，若勉强他人，只为了满足自己的私欲、达到自己的目的，而不顾他人的感受、不管事情合理不合理，肯定不行，自己也不会得到好结果。

房东愣了一下，沉默地思考了一分钟，然后小声地问我："您说怎么办好?"

我想，两边都要照顾到，为了给租房人省钱，又保全房东的面子，我跟房东说："人家也不愿意耽误时间，我认为您顶多收人家500元地毯磨损费。"房东听后立即同意。

我又走进房间，同这几个小伙子沟通了一番，他们也表示同意。并告诉我其实公司业务特别忙，不想耽误时间，公司都搬走了，每天还要同房东纠缠，没必要。

几个人在出警本上签字后，我们就离开了。

【马后炮】

民警对法律知识掌握得越多越好，工作时才能够运用自如，做到有理有据。能处理好这件事，主要是因为我了解《中华人民共和国合同法》，知道合同的五个主要内容，尤其是知道最后一部分内容是发生争议时应该如何解决。对明显有失公平的纠纷，民警要动之以情，晓之以理，切中要害，让他们知道可能产生的后果，从而配合民警工作，顺利解决问题。

33 都是土豆变黑惹的祸

中关村的一家高档泰国餐厅生意一直不错。深秋的一天晚上9点多钟，那里发生了一起因菜品引发的纠纷，顾客报了警。

我们迅速赶到了现场，餐厅的装饰很有东南亚特色，孔雀、大象等图案随处可见，食客大部分都散去了，只剩下为数不多的几桌客人。在一个杯盘狼藉的餐桌上，我们见到了三名报案的年轻顾客，他们正指着餐巾纸上放着的一块有点发黑的土豆块和值班的女经理理论。

原来，当晚三个年轻人（一男两女）点了五个菜，吃到尾声时发现一块土豆有点儿发黑，报警人顿时感觉身体不舒服，要求餐厅出人带她去看病，餐厅的女经理连忙解释："土豆块有一点儿发黑只是氧化的作用，就是不好看了，但是不会影响健康的，根本就不可能引起身体不舒服，我不同意带他们去看病，但是可以考虑打折解决，你们看是否可以？"三位食客摇摇头，表示不同意。

我听明白了——土豆并不是重点，但又不能明说。我把三名年轻人叫到一边说："在我们日常生活中，食品产生剧毒的情况主要有：扁豆没有加工熟，会产生生物碱；土豆发芽了会产生龙葵素；鲜黄花菜没有加工熟，也会产生毒性；还有青西红柿、腐烂的生姜、有毒的蘑菇等，这些都会给人们带来危害。土豆变黑了，就是土豆中的淀粉在空气中的氧化作用，是一种化学反应，如果泡在水里就不会变黑了。餐厅肯定是一时疏忽，但这即使吃了，也不可能给人体造成损害。即使你去医院看病，医生也会给你一个合理的解释，不会乱开药的。”三个年轻人听了之后，低头不语。

我接着说：“我现在给你们三个选择的处理方式：一是拿着这个土豆块去卫生防疫所做鉴定，一周之后出结果，然后再看看是否能对餐厅构成处罚，这是我跟餐饮界的人士了解到的。二是拿着这个土豆块去法院起诉餐厅，主张权利，法院也得先对这个土豆块进行鉴定才能够裁定。三是让餐厅给你们打折解决。你们想想，选择哪种解决方式，然后告诉我。”

我又找到餐厅女经理，跟她单独沟通。女经理表示已经晚上9点多钟了，和顾客发生争执对生意有影响，而且这么晚了也影响员工休息，餐厅很快就下班了，可以考虑给他们打折处理。

三个年轻人思索了几分钟之后，告诉我，他们选择打折解决。然后一个女生随同女经理去吧台结账。

就这样，“土豆纠纷”解决了。双方在出警本上签字后，三名年轻人跟着我们走出了餐厅。

走出没两步，我转身看着三人严肃地说：“你们也是有文化的人，小聪明别用在这儿。”他们不好意思地笑了。

其中一名女生对我说：“您处理得不错，解释得特别透彻，可以给我一个您的联系方式吗？”

我说：“谢谢你的夸奖，要我联系方式就不必了，祝你们好运吧。”

我们双方礼貌地道别后分开了。

【马后炮】

作为一名民警，不但要掌握法律知识、警务知识，还要掌握一定的社会知识，包括生活常识以及一些相关部门的工作程序及步骤。这样才能合情合理合法、得心应手地解决问题。我处理过多起类似的报警，曾经专门向一位餐饮界的朋友咨询过类似问题的解决办法、渠道、程序、处罚的依据等，所以这次才能够把问题解释得头头是道。

34 好吃懒做的准月嫂

在中关村西区海淀法院南边儿的中关村公馆 A 座，有一家月嫂公司。一天下午，我们接到这里一个准月嫂的报警，称她与月嫂公司的女老板发生纠纷，希望民警来处置一下。

我们很快就赶到现场，看到门口扔了一件行李和一些杂物。进了公司，我看到刚刚停止争吵的两位中年女性，一位穿着考究，脸上充满自信，另一位个子不高，比较邋遢，一脸无奈。一见民警，穿着邋遢的女士赶紧上前说自己是准月嫂，女老板无缘无故轰自己离开公司，把自己的行李扔出门外，还有几件儿物品丢失了。女老板一听准月嫂说她无缘无故轰人、还丢了东西，又跟她吵了起来。

我们赶快劝开了两人，让她们把身份证都拿出来登记。我一瞅两人其实是同一年出生的，生活境遇与方式却是天差地别。

为了更好地了解事实，我单独询问女老板事情经过。女老板表示，自己的月嫂公司经营得一直都不错，从公司的装潢就可以看出来，布置得温馨又有档次。这里根据工作时长、表现好坏以及顾客反馈，从每月 12000 元的金牌月嫂到每月 6000 元的实习月嫂，共分为 5 个档次。

报警人就是这里的实习月嫂，也就是准月嫂。她经过公司一个月的培训，随后应该在公司的推荐下到顾客家中工作，但是她已经连续推掉 3 个工作了，还说是顾客不好。她在公司白吃白住，白天外出也不告知外出地点和干什么去了，晚上在公司休息还蹭吃蹭喝，简直拿这里当旅馆了。

一般情况下，准月嫂被推荐出去之后，都可以找到工作。像她这样被推荐了三家都没有出去工作的，的确还没有发生过。

不堪忍受的女老板看她也没有想出去工作的诚意，一气之下就轰她离开，并将其行李扔在了楼道，这才有了准月嫂报警这一幕。

事已至此，孰是孰非已经非常清楚，我又开始跟准月嫂“谈心”：“就跟你说两点，第一，人家是公司，不是救助站，你在这里白吃白住，占用他人资源不说，也浪费了你自身的价值呀，出去赚钱不好吗？第二，如果你非愿意住这儿，每天交房费就行，你看怎么样？”

我的话语并没有点醒准月嫂，她摇摇头，仍旧与我胡搅蛮缠，非说公司之前承诺找不到工作就可以白吃白住。我说：“你要是一年都没有出去工作，公司还应该养着你吗？你这就是不讲理了，谁也不会容忍你这样无理取闹的。”

我又跟她说：“社会是有秩序的，谁也不会让你胡作非为，你要是非这么闹就跟我回派出所吧，今晚你到派出所休息，派出所管你吃喝。”准月嫂听了这话才悻悻地离开了。

我们又同女老板沟通了一会儿，女老板说，公司开了三年多，头一次遇见这样的人。

出了月嫂公司，我们发现楼道里的行李和杂物不见了，估计这次这个报警人不会再回来了。

【马后炮】

民警出警时会遇见一些胡搅蛮缠的人，不能够听之任之，不然就难以维护社会秩序。民警不是特警，要处置不少琐碎的问题，有的时候，我们也感觉很无奈。

35 法院里面的纠纷

夏日的一天上午 10 点多钟，我们接到海淀法院执行庭的一个报警，称有人打架。

我们很快赶到了法院门口，在工作人员的引领下，来到了 8 层执行庭。里面的人熙熙攘攘，非常拥挤。

在一间不大的办公室里，一个戴眼镜的法官坐在办公桌前，桌对面两个椅子上坐着两位女士，左边那位 50 岁左右的女士就是报警人。她伸出右臂，在臂弯前面的位置有一个深深的牙印，已经出现深紫色，她指着旁边的女士对我说："您看看，就是她咬的。"原来这位 40 多岁的女士就是肇事者。我让她们出示了身份证予以登记，然后经过她们的叙述，了解了事情的来龙去脉。

原来，今天咬人的张女士是来申请法院执行的。她同报警的王女士是某债务纠纷案的双方当事人，案件起因是王女士之前开车将张女士的丈夫撞伤了，伤势很重。法院判决王女士赔偿张女士一家人110万元人民币，可是王女士在赔偿了20余万元后停止了赔偿。

张女士的丈夫现在仍在医院住院，因为没有交下一步的治疗费用，医院已经停止了治疗。今天双方来到这里商量支付欠款的方法，王女士表示自己目前没钱支付，希望她予以理解，结果双方争吵了起来。张女士急了就在王女士手臂上咬了一口，而且不肯松嘴，直至咬出了血牙印。但是王女士并没有对张女士动手，而是报了警。

我听明白后，把王女士叫到了楼道里，问："您的手臂是需要看病，还是需要赔偿?"她对我说："不太严重，算了吧。"我安慰她几句后，希望王女士理解一下张女士的苦衷，王女士表示自己也在积极想办法解决欠款的问题。

我又把张女士叫到一边儿，告诉她应该理智的解决问题。张女士哭着对我说："家里还有老人和孩子，老公又住院，自己也很无奈和苦闷，不知道生活的希望在哪里。"

最后，双方均表示不需要民警介入了。

【马后炮】

生活有时候的确很不容易，一场意外，给一个家庭带来了沉重的打击，也使原本幸福的生活发生了巨变。希望政府加强社会救助体系建设，我们对他们的苦处，也无能为力，爱莫能助。可是根据《人民法院司法警察条例》第十三条规定："对严重扰乱人民法院工作秩序、危害人民法院工作人员人身安全及法院机关财产安全的，人民法院司法警察应该采取训诫、制止、控制等处置措施，对涉嫌违法犯罪的，及时移送公安机关。"对于本起"打架"事件，本该由法院司法警察来处置，可是按照“有警必出”的原则，既然当事人报了警，我们就应该到现场予以处置，这就造成了警力资源的浪费。希望各个部门的管辖职责能够更加清晰明确，而且要加强沟通协调，这样警务资源才能够合理地分配和使用。

36 赠与就是所有权转移

冬日的一天晚上 7 点多钟，我们接到新中关大厦地下一层麦当劳餐厅一个服务员的报警，称有人要打架，请民警速到现场处置。

我们很快赶到了现场，在餐厅内见到了要打架的人——两个 20 多岁的小伙子，一个留着长头发，另一个是寸头，都怒气冲冲地挥舞着拳头要打对方，一个年轻漂亮的姑娘夹在中间劝双方冷静下来。我们上前制止了双方过激的动作，并把他们两个分开。

为了不影响他人就餐，我们把他们三个人带到了餐厅的办公室，通过他们的叙述了解到事情的来龙去脉。

原来，三个人都是大学毕业生，都是河北人，都在中关村上班。长头发的小伙子是这个姑娘的前男友，两个人曾经交往了两年多，双方互相赠与了不少礼物，其中小伙子赠与姑娘的比较多。两个人分手后，姑娘退给了小伙子一部分礼物和钱财。可是当前男友知道姑娘交往了新男友（寸头小伙儿）之后，几次三番地干扰他们交往，今天三个人约到这里进行谈判，话不投机，两个小伙子又正是血气方刚的年纪，便想要动手解决问题。

我听明白后，把长头发小伙子叫到了一边儿对他说："知道什么是赠与吗？就是所有权转移了，人家有权利进行处置。只要这个姑娘不是骗婚，不是以欺骗的方法要你的钱财，就没有触犯法律，你很难维权。如果你认为你赠与的钱财比较多，可以收集证据，到法院起诉她，按照民事行为请求予以返还，也可以同姑娘进行协商解决这个问题。你要是大度一些的话，就干脆不要了，祝福他们，那才是男子汉大丈夫的行为！你自己好好考虑一下。"

长头发小伙子哭丧着脸说："我没有那么大度，我做不到。"

我接着说："你可以去咨询一下律师，找到一个合理合法的解决问题的途径，否则你很难达到目的。"长头发小伙子又和我们说了一些埋怨姑娘的话，我感觉想让这个小伙子想开，一时半会儿是不可能了。只好带他们一起回派出所，进一步解决这个问题。我让他们出示了身份证，在出警本上登记完了交还给他们，然后带着他们上了警车。

回到了派出所，三人在值班大厅里坐下来。我告诉他们，警方不会介入他们之间的具体矛盾，但如果打架，就由我们管辖了，他们就要承担相应的处罚。

我给双方做了工作，明确告诉长头发的小伙子赠与物品正确的要求对方返还的方式方法，而且，既然已经与人家分手了，人家当然有权利开始新的恋情，他无理由干涉人家的正常生活，这种做法让人不齿的，也是不道德的。我又单独同年轻的姑娘沟通了一下，告诉她，如果接受的物品比较贵重，可以考虑返还一些，让她这位前男友心理平衡，从而减少矛盾。

双方很快冷静了下来。过了几分钟，三人陆续离开了。

【马后炮】

对于感情纠纷民警应该尽可能多听、多沟通，作出合理的解释。民警的法律咨询一定要明确恰当，这就要求民警的法律知识储备深厚、全面，尤其在新形势下，对新颁布的法律如《中华人民共和国物权法》《中华人民共和国侵权责任法》等，都要有所了解。与时俱进，工作才能够得心应手。这件事主要涉及《中华人民共和国合同法》中赠与方面的知识，我的解释有理有据。

37 凌晨轻生是真是假?

冬日凌晨 3 点多钟，寒风刺骨，喧闹的街上已经没有几个行人了，大多数人都已经进入了梦乡。

1 个小时前，一对儿年轻情侣吵了几句。“散场”后，男方回到了不远处的单位，女方在租住的宾馆里面给男方发了短信，内容是这样的相处很不愉快，活着没意思。男方一下子急了，可女孩儿却不再接电话。男方又打了几个电话，还是没接，于是他直接拨通了报警电话：“我女朋友跟我吵架之后要轻生，你们可以帮我到她住的宾馆看看她怎么样了吗？我也正在往这里赶来！”

不知道真假，我们赶紧从派出所里出发，驾车赶往女方的住的宾馆。路上，我与男方电话联系，询问事情的经过，男方支支吾吾，就说女方现在有危险，需要民警火速赶到，看看她的具体情况。

我们急忙赶到了这个宾馆，坐电梯到了女方住的房间，一阵急促的敲门声后，我们听到女方迷迷糊糊地应门道："谁呀，这么晚了?"我们亮明身份并询问女孩儿是否为报警人女友，女方听清后赶紧穿衣开门。

我们看年轻女孩儿一脸茫然，就知道女方肯定没事儿，但还是开口问她是否准备轻生。女方听了先是一愣，然后不自觉地笑了，赶紧否认没有这么回事。

随后请我们进屋，礼貌地拿来座椅。我们坐下后无奈又不好直说，婉转地说是她男朋友太重视她了，才报警说她有危险，让我们来看看她。女方不好意思地说："我就是跟他赌气，真没想到……"

我与女方简单聊了几句，了解到了：男方是部队的一名年轻军官，女方是某大学的研究生，两个人交往了一段时间了，今天就是争吵了几句，她说了几句狠话。

就在我们准备离开的时候，门外响起了敲门的声音，我估计是女方的男友实在不放心，赶到了女方的房间门口。

等女方开门后，一名高大年轻的小伙子冲进门，看到两位民警，又看了看女友，赶紧跟民警道歉："真是不好意思了，她不接电话，我真以为出事儿了。"

小伙子过来坐下，我对他说："看得出来你很重视她，恋人相处难免会发生一些矛盾和误会，可要是每对情侣一吵架就报警，那民警别的都别干了。警力资源是国家公共资源，应该用在合理的地方，看你们两个也挺有文化的，怎么会做这么幼稚的事情呢?真是让人难以理解。"

我看出两个人都有些羞愧，就把出警本递给他们，俩人签字后，我又补充说：“有什么事也别想不开，不过要是真有什么事儿，还是要第一时间报警，不过，这样的报警，希望不会再有了。”

两个人点点头说：“不好意思了，以后不会这样了……”

我们叹了口气，无奈地离开了。

【马后炮】

社会就像一个万花筒，存在着形形色色的人，也会发生各种各样的事，市民寻求帮助时，总会首先想到“报警”。但警力资源有限，警情也分轻重缓急，一些不实报警占用了大量警力资源，可能使真正需要帮助的人失去获得帮助的机会。110 报警服务台是公共资源，需要大家的共同爱护。从警 30 余年，我看到过不少滥用警务资源的情况，比如，一些人谎报警情，夸大其实；一些人盲目去山区探险迷路了，只好求助民警，有些甚至动用了警用直升机，难道这样不需要成本吗？必须让其认识到滥用公共资源的严重性，这也是对公共资源的爱护。

38 微信里的“招财爷”

2015 年正月十五，上午 11 点多钟，一位中年女士报警说她炒股时被骗了。我们接警后先同她电话沟通，但是女士说来说去也没说清楚到底是怎么被骗的。我让她在小区门口等着，我们马上开警车去接她，再详细了解情况。

几分钟之后，我们在北四环路旁某小区门口见到了这位穿戴得体、相貌姣好的中年女士。在回派出所的路上，我详细地听了她的叙述，终于了解了整个事件的情况。

原来，黄女士三个月前在微信上加了一个陌生人，通过聊天知道这个人是某公司做股票生意的代理人，其实就是负责推荐股票的。那个人开始推荐股票是免费的，让黄女士看看他们公司的实力和水平，后续再收取费用。黄女士经过一个月的观察了解和实际操作，感觉这个公司的确有水平，因为他推荐的股票确实让她小赚了一笔。

后来，那个陌生人不再联系她，她就主动找对方希望他能再推荐股票。经过讨价还价，黄女士给陌生人汇款 10000 元，条件是陌生人继续给她推荐股票，持续半年时间，陌生人口头向黄女士许诺，保证她的收入能达到一定的数目。随后，黄女士加大了资金投入，但是陌生人推荐的股票不但没让她赚到钱，反而还赔了一部分，她心理不平衡了，就报警说自己被骗了。

事情已经很明显了，黄女士受金钱的诱惑，在没有任何法律保护的情况下给他人汇款，这件事情已经超出了我们的管辖范围。

到了派出所，我又同她沟通了一番。我首先问她，你们双方有签合同吗？她说没有，而且双方都没有见过面。我给她解释了诈骗的定义：以非法占有为目的，用虚构的事实或者隐瞒真相的方法，骗取数额较大的公私财物的行为。

我又进一步解释："如果这个陌生人的公司是真实的，人家就没有虚构事实和隐瞒真相。而且，你给陌生人汇款前双方也没有签订相关权利和义务的合同。所以，诈骗行为应该不存在。如果你保存了与陌生人的通话录音，以及汇款凭证，认为陌生人让你汇款之后没有达到预期目的，你可以到法院起诉该人。关键还需要取得陌生人的真实身份和住址，否则法院立案庭也立不了案。这件事，很难予以处置。”

报警的黄女士听完我的话，十分后悔自己轻信他人，最后表示以后一定要吸取教训，再咨询一下律师，看看有没有更好的解决办法。

我只好告诉她，“亡羊而补牢，未为迟也”。

【马后炮】

网络的发展为人们提供了便捷，但在虚拟世界中也会遇到些别有用心的人。作为成年人应该提高自己分辨问题的能力，如对老人推销的保健品，不需要抵押的贷款，一些理财公司发行的明显不可能实现的高回报投资项目、理财项目，拍卖公司的违规忽悠，一些公司发行的各类可能“跑路”的优惠卡等陷阱，都不要盲目地相信。如果让群众100%防范到位也是不现实的，总有人会上当受骗，只能自己提高防范意识了，可谓“害人之心不可有，防人之心不可无”。

39 语言是一把“万能钥匙”

春暖花开时节的一天中午11点半左右，临近饭点儿，我们接到某商务大厦一个公司员工的报警，称发生了一件小纠纷，希望民警去处置一下。

我们很快赶到现场。在大厦内一个中型公司的豪华办公室里，我们见到了当事人双方，一个是30多岁的身边儿放着开锁的工具的开锁工人黄师傅，一个是锦衣华服的公司经理张经理，通过双方的叙述，我大致了解了事情经过。

原来，张经理早上9点多钟到了公司之后找不到保险柜钥匙了，绞尽脑汁想了半天也没有想起来放哪里，又急着要用，没办法，就联系了位于南四环花卉市场附近的这家开锁公司，并承诺支付200元的开锁费。

就在开锁工人黄师傅抵达张经理所有的商务大厦的时候，张经理又意外的在办公室里面找到了保险柜钥匙，然后打电话告知开锁工人黄师傅不用开锁了。听到这话，花费一个多小时才赶来的开锁工人黄师傅心存不满，此时纠纷就产生了。

"经理，您打电话要开锁，我一上午只接您这一单活儿，路上来回来去需要三个多小时呢……虽然没有给你开锁，我的时间也是成本了，你怎么也得给我100块钱吧？"开锁工人黄师傅嘟囔着。

"可是，我们公司根本就没享受你的开锁服务，而且也电话通知你取消服务了，给你50块钱，坐地铁也够了，赶紧走吧！"公司张经理愤愤地说。

随后，双方为了50元辛苦费争执不休，各说各理，互不相让。我边听双方争论边思索着：这个纠纷没有绝对的谁对谁错，也就是一件不大的民事纠纷。黄师傅和张经理越争执越激烈，大有互不相让的架势。

我环视四周，感觉这个公司的规模比较大，不少工作人员进进出出，很是忙碌。我知道在寸土寸金的中关村，房租肯定不便宜，我问张经理："你公司一年房租多少钱?"

"四五十万吧。"张经理说。

"做生意的都知道，公司要发展要盈利，钱是省出来的还是挣出来的?"我对这位经理调侃道。

然后，我就直勾勾地看着他。

"……"张经理没有说话。

我转过头和开锁工人黄师傅说："这会儿你估计又有好几个单没接到吧？时间都耽搁在这了。"

"……"黄师傅也没有说话。

我继续对他们俩说："你们为这么个小纠纷耽误了这么长时间，是不是影响你们各自的业务啊？冷静下来想想，你们觉得值得吗?"

我说："这样吧，为了防止你们再次发生争执，跟我回派出所进一步解决问题吧。或者你们两个可以去法院起诉对方，这也是解决问题的一种方法，你们看怎么样呀?"

我提高了声调对他们说："为了50块钱发生争执，你们也好意思报警，实在让人难以理解"。

我又对张经理说："你做这么大的生意，为了50块钱，耽误几个小时，这么小肚鸡肠，斤斤计较，企业能够发展壮大、更加辉煌吗？总之就是一句话，钱是挣出来的，还是省出来的?"

我凝视着他，张经理迟疑了几秒钟，貌似心领神会，然后突然顿悟似的说："大哥，我明白了!"马上拿出钱包，抽出100元人民币递给了黄师傅说："大家都不容易，拿着吧!"黄师傅接过了钱。

纠纷就此圆满解决。待双方在出警单上签字后，我们迅速离开了。

【马后炮】

我总结的出警四步骤：一是及时到现场，二是迅速了解情况，三是找到矛盾焦点，四是想好解决方法。关键是用聪明的方法解决问题，起到四两拨千斤的效果。语言是一门艺术，也是一把“万能钥匙”，用好了可以打开思想的“锁”。遇到事情，不要只是从事情本身考虑，要从不同的角度思考问题，就会有不同的看法，如在这起事件中，让当事人顾全大局，不要在一点小事上计较，让其开窍，矛盾自然迎刃而解。

40 开车需谨慎 不然麻烦多

三月的一天下午，雾霾天儿，能见度非常差。中关村西区派出所接到了辖区某医院住院部的报警，称发生纠纷，请民警来处置。我本以为是医患纠纷，到了现场才知道事情没有那么简单。

在医院大楼八层医生宽敞的办公室里面，我们见到了站着迎接我们的穿着白大褂、脖子上挂着听诊器的男医生，他大概30多岁，戴了一副眼镜，给人比较斯文的感觉。

在办公室里面，有一名躺在行军床里的老妇人，坐在她床边的是其20多岁的女儿。从双方的表情和态度来看，我想这个矛盾不是今天发生的。办公室里的医生进进出出、忙忙碌碌的，但多次用鄙视和无奈的眼神看着这几个人。

经过双方叙述，我了解了事情的来龙去脉。原来，这名医生前几天开车路过四环时车速较快，将在人行横道上横穿马路的这位做保洁的老妇人撞伤了，老妇人当时就倒在地上，伤势比较严重。医生报警后，交警赶到了，勘察完现场后，裁定是医生负全部责任。医生陪这位妇女到医院看了病，老妇人只是软组织挫伤，内脏检查没有问题，身体并无大碍。

于是医生赔偿给了老妇人5000元钱（医药费约2000元，补偿3000余元）。可是老妇人及随后赶来的女儿认为，医生应当再次赔偿她们误工费和后续的治疗费约1万元。

医生认为：当时已经给老妇人看病检查了，并无大碍，自己已经赔偿了5000元，无需再支付其他费用。于是双方产生了分歧，母女俩一气之下就搬到医院办公室里面找医生闹事来了。已经住了三天，大有不达目的不罢休的意思，严重影响了医生们的正常工作。

我同她们两个沟通了一番，母女俩认为自己是弱势群体，也是实在没有办法了才采取这样的极端方式，只要医生答应她们的要求，就立刻搬离这里。

我告诉她们，这种的行为属于无理取闹，正确的维权方法是去法院起诉医生。这是医生的个人行为，发生的交通事故同医院没有关系，不应该来医院闹事，应该去找这个医生解决问题。她们说自己不懂法律，也找不到这个医生的家，只能到医院找这个医生，只要医生给她们钱，她们就离开。

我明确告诉母女俩：“合理的赔偿金额是可以考虑的，法院也会支持，但若根据老妇人的伤势提出不合理的赔偿要求，是得不到支持的。”

母女俩听了我一番话后解释说，老妇人被撞后影响了工作，赔偿金额也是随口一说，可以商量。

我又把医生叫到办公室外面继续跟他聊这件事。医生表示，他也不会撞完人不负责任，会再跟母女商量一下赔偿金，因为这几日母女俩的行为已经严重影响了他和同事的工作，需要民警给主持一下公道。

最后，我又反复给双方做工作，希望他们能够冷静地协商赔偿。我再次单独警告这母女俩，如果今天解决不了，之后再次报警，我们就会将她们带离这里，去派出所进一步解决。即使是弱势群体也不能无理取闹、无法无天、影响医院的正常工作秩序。她们听完了，态度收敛了一些，没有了刚才的嚣张。

然后，我就和同事离开了。

后来我得知，双方以6000元赔偿金和解了。

【马后炮】

类似这种因为交通事故后续处理纠纷而影响双方工作、生活的事我们出警的经历了多起。所以开车需谨慎，不然麻烦多。

对法律知识淡薄的人，我们作为执法者，应该耐心细致地沟通到位，对于他们蛮横不讲理、胡作非为、无法无天的行为，也不能姑息养奸，要讲原则。警察的职责就是维护社会秩序。

41 教堂里的纠纷

初夏的一个周末，下午 3 点多钟，中关村西区派出所接到在辖区内基督教堂的一个报警，称有人被打了，请民警前去处置。

我按照报警电话打过去，是一位男士接的，他说他第一次来这个教堂听牧师讲《圣经》时被里面的工作人员打了，还说教堂里的人在搞封建迷信。我继续询问："你为什么挨打呀?"他停顿了一会儿，说不知道为什么。

我们开着警车，不到 5 分钟就到了现场。在教堂外的路边儿，我们见到了报警人，30 多岁、光头，灰头土脸的，还拿着两个编织袋。我看过他的身份证，了解到他是北京远郊区的一个农民。

还没等我说完话，报警人就赶紧伸出手一边让我看一边说："里面有人打我，您看看这伤的!"

我一看，他手上的确有一道划痕，左脸还有一些红肿，就说："走吧，去看看是谁打的你。"

我们和报警人爬了大约五层楼高才到教堂门口。正好看见里面牧师在宣讲《圣经》，教堂里秩序井然，还有不少人站着听讲。我们立即停下了脚步。

我回头询问报警人是谁打的他。报警人说是一个穿蓝色衣服、戴眼镜的小伙子。我站在教堂门外轻轻敲了敲门，有一名戴着胸牌的女工作人员蹑手蹑脚地走出来。

我小声把事情讲给她听，让她把与报警人发生冲突的小伙子叫出来。她听后嫌弃地看了一眼报警人，走进了教堂。

5 分钟后，走出来一个戴眼镜的斯文小伙儿，脖子上戴着写有义工的工牌，报警人指着他告诉我："他就是打人者。"

我把义工叫到一边儿，问他同这位报警人发生了什么矛盾。义工气愤地跟我说："他不遵守规矩和秩序！他刚才进教堂的时候，里面已经有不少人了，他却在里面大喊大叫，我过去告诉他小点声音，这里需要安静，他不但不听，还跑到讲圣经的台子上面去了。台子是神圣的牧师才能够上去的，为了把他拉下来，我手都受伤了。"义工伸出手，我一看，也有两处血道儿。

我听明白了，知道了事情的原委。

报警人看着我朝他走过来，看了一眼我愤怒的表情，立马低下了头。

我走过来对他说："你知道《中华人民共和国宪法》规定，公民有宗教信仰自由吗？"

他摇摇头。

我继续说："你知道教堂是神圣的地方吗？你要不就甭去，要去就得守人家的规矩。人家提醒你，你不听还捣乱，还想让民警帮你抓人家是怎么着？"报警人把脑袋低得更低了。

就在这时，教堂里面的人陆陆续续出来了，一些人看见我们正在处置这件事，纷纷对报警人刚才的行为表示了愤怒和指责。

我对报警人说："到哪里就要守哪里的规矩，公共场所更要遵守社会秩序，这不是自己家里，你明白吧？"

他点点头。

我继续说："你一定要记住这次教训，不可再犯。今天的事情我们完全可以对你这种扰乱公共秩序的行为处以行政拘留 5 日的处罚，记住了没有。”

他对我说：“知道了，对不起。”

事情水落石出，我再次询问双方时，他们都表示不需要民警进一步解决了，随后各自离开了。

【马后炮】

在公共场所每个人都需要遵守规矩，能够守规矩也是一种品德，具备这种品德才能赢得他人的尊重。社会是有序的，想当然的我行我素，肯定会处处碰壁。

我在公共汽车上，多次看见一些小孩子大声喧闹，一边儿的家长不予制止。其实，公共场所的秩序是需要大家共同维护和遵守的，学习做人更要从小孩子抓起。

最近，我在山西灵石王家大院游览，看见一块牌匾——“方矩圆规”，是清代书法家翁滴书写的，其“矩”字的“巨”上多了一个“点”，讲解员告诉我们，这表示“规矩多一点，麻烦少一点”。

42 骗子花样多，应聘需谨慎

方圆 1.5 公里的中关村西区有很多商务大厦，里面形形色色的大小公司更是多如牛毛，数不胜数。

一天中午 11 点多，派出所接到一个小伙子报警，称自己到某大厦里一个公司应聘被骗了。

我们到了位于八楼的这家公司，面积大约有 200 平方米，里面人来人往。在公司的门厅里摆放着三张办公桌，上面有三台电脑，三名工作人员坐在那里，接待前来办事的客户，公司看起来挺正规的。

我们进了大厅，看到了报警人。他是一个 20 多岁的小伙子，看着挺精明，另一个是他 50 岁左右、满脸沧桑的父亲。我向小伙子询问情况，他说自己是一名计算机专业的外地大学生，一个月前在这里交了 1000 元现金，与这家公司签订了合同，公司负责帮他介绍计算机开发软件的工作。合同上承诺一个月内给小伙子介绍一份满意的工作，可是一个月过去了，这个公司既没有给他介绍工作，也不退钱，所以就报警了。我告诉他等一等，我去跟公司了解一下情况。

我找到了这个公司的负责人，一个 40 多岁戴眼镜的中年人，他把我领到办公室里。

负责人有些为难地说："已经给这个小伙子介绍了一份工作，但小伙子过去面谈时，了解到这个工作不是搞软件开发的，是搞后勤的，就没有去上班。"

我一听就知道这个负责人在狡辩，就对他说："你把营业执照副本给我看看！"

他从办公桌抽屉里面拿出来递给我。我仔细看了看执照，公司经营范围挺广，就是没有招聘这一项。我抬头对负责人说："你们公司的'职业介绍'业务超出了经营范围，虽然我们没有处罚的权力，但是工商部门是有处罚权的。”

负责人一听就闭口不言了。我继续说：“你赶快把人家小伙子的钱退了，然后停止这项经营！如果这样的报警多了，累计数额够了，我们也可以按照诈骗行为依法对你们公司进行调查。下一步我们会通知工商部门介入。”负责人听完表示查一下登记，马上退钱。

我嘱咐他说：“公司要发展壮大，想挣钱是没有错的。可是应该要想方设法与时俱进，而不是走歪门邪道、打擦边球，更不能随便承诺自己办不到的事，这样才是合法经营。”

负责人点点头，表示明白了，然后陪我走出办公室，让公司一名女会计拿出 1000 元钱还给了站在门口的小伙子。我让双方在出警本上签字后，小伙子和他父亲一个劲儿地道谢，感谢民警为他们挽回了损失。

爷俩走出大厦门口的时候，我拿出手机，在他们转身向我微笑道别时拍摄了一张照片，现在那张照片还存在我的手机里面。我感觉，群众满意的微笑便是最好的褒奖，胜过锦旗和奖状。

【马后炮】

现在像这样用“职业介绍”打擦边球的小公司很多，一些社会经验少的大学生求职心切，往往不查看公司的资质，如查看营业执照等，就盲目选择不正规的职介公司；不但找不到满意的工作，可能还会有金钱损失。这样的报警我遇到过很多次，处置的关键就是看“职业介绍”这项业务是否在公司的经营范围之内。

43 舌战群“儒”

开春的一天上午11点钟，我在中关村西区派出所的警务室值班时接到了一个位于某大厦的报警，内容是消费纠纷。

我们没有耽搁，立即赶到了该大厦的八层。在长长的楼道里面，我们找到了发生纠纷的这家公司。一进公司的办公室，就看到两个年轻姑娘站在桌旁，桌上摆着几部还没开封的新手机，看样子她是来中关村买手机的。旁边还有一个剃着光头、戴着大金链子的30来岁的小伙子，怒气冲冲地看着她们，他身边还坐着五六个小伙子。一看这阵势，我大概明白了七八分。

我问：“谁报的警?”

两个姑娘连忙说：“是我们报的警！他们欺负人!”

听了双方的叙述，我了解了事情的经过。

原来，这两个姑娘都是某医院的护士，之前在网上看到中关村这家公司卖的小米手机有现货，价格也非常诱人，每部在2000元左右，便决定每人买一部，再帮朋友带两部。今天两姐妹正好休息，就一起来到中关村买手机。

到了店里，两姐妹问清手机的型号、颜色、功能就把四部手机的8000块钱交了，满心欢喜地拿着新手机准备离开。谁知，一个五大三粗、戴着金链子的店员拦住了她们，说每部手机都要预付1000元电话费，否则不许拿走手机。

两个姑娘一听，肯定不干啊！因为公司事先并没有说明还有这一项费用，这明摆着就是霸王条款！两个姑娘坚决不同意再交钱，可公司的人就堵在门口不让她们走，于是两个姑娘就报了警，请民警解决。

事情的来龙去脉和我猜想的相差不多，我心里有底了。

我环顾了一下屋里，问："你们谁是公司的负责人？"

那个光头小伙走上前说："我是公司经理。"

我看了看小伙子，继续说："既然你是负责人，那有些道理我就得给你讲讲了。你就看楼下的家乐福超市，人家一天几百万的营业额，来来往往的顾客不断，可是却没有一个报警说发生了消费纠纷的，那是因为超市的商品都是明码标价，顾客自由选择，觉得价格合适就买，觉得价格高了就不买，谁也没有强迫谁。你们说我说的有道理吗？"

我怒视着他们，他们没有一个人接我的话茬，办公室里鸦雀无声，几个人都看着我。

我继续说："再看你们今天这种行为，这样的销售方法，是不是属于欺诈？你们自己说说，是你们介绍商品有问题，还是人家理解有问题，还是你们故意设计圈套？是不是以为就你们聪明，别人都是傻子？以为你们可以无法无天，没有人制裁你们了？"

他们一群人理屈词穷，没有人反驳我。

我继续说："今天如果你们不承认也没关系，我们警察自有办法找出你们欺诈的证据，到时候事情可就没这么简单了！那个时候，根据证据给你们定罪，该抓人就抓人了。"

听完我的话，公司里几个人都面面相觑，不敢吱声。

我继续说道："那你们是想给顾客退款，还是想让我进行下一步处置?”

光头经理赶忙说:“我们退款,不用您操心了!”

我把站在一旁的两个姑娘叫过来,公司的人当着我的面,把8000元现金交给了她们。双方在出警记录本上签字确认。

出警完毕,我下楼时,两个姑娘紧随我一起出了大厦,说是怕公司的人报复,让我哭笑不得。

两位姑娘在警务站坐了一会儿,一再向我表示感谢。她们本来认为自己的利益肯定要受到损失了,可没想到我这么快就给解决了。我笑着告诉她们,这是我应该做的,不用客气。然后看着她们高高兴兴地离开了。

【马后炮】

每次群众问题解决后所露出的笑容就是对我最好的褒奖。这让我觉得心里很有成就感,问心无愧,尽职尽责,对得起自己这一身警服。群众遇见问题,第一时间想到的就是寻求警察的帮助。按照相关管辖的规定,民警直接告知双方到相关部门解决,本也无可厚非。但若民警耐心、用心地解决问题,不推诿,做到现场事情现场解决,是可以替老百姓省去许多麻烦的,同时这也是警察执法能力水平的最好体现。

这种“打擦边球”的公司也给我送过饮料等礼物,但我从来都是不屑一顾,一律拒收,我知道“壁立千仞,无欲则刚”。

44 出租汽车被刮“伤”了

一个下雪天的下午 3 点多钟，中关村路面上积了厚厚的一层雪。一辆出租车正由南往北正常行驶，正要通过丹棱街路口时，迎面摇摇晃晃地逆行驶来一辆电动车。由于雪天视野受限，骑电动车的小伙子没留意对面驶来的出租车，向着前方快速行驶。等小伙子看到对面的出租车时，两车已经距离很近了，幸亏小伙子反应快，赶紧拧了一下车头，电动车擦着出租车左侧躲了过去，汽车驾驶员位置的车门瞬间被划出了一条 50 厘米长的口子。

出租车司机下车查看后，立刻拨打了“122”交通事故报警电话。没一会儿，交警到了现场，裁定是骑电动车的小伙子负全责。事情到这里本应该解决了，但没想到的是，小伙子既没带身份证，也没带钱，双方因为赔偿问题又发生了纠纷。无奈之下，出租车司机又打了“110”，请民警来处置。

我们接到报警后立即赶到了现场。旁边围着几名群众不畏严寒地看热闹，报警的出租车司机和那个小伙子都站在雪地里，默不作声。

我上下打量了一下，小伙子一看就是做面条加工生意的，电动车上挂着两个大筐，里面有大半筐用塑料袋包着的切好的面条。小伙子看上去也就十六七岁的样子，穿着一件旧羽绒服，戴着一顶皮帽子，小脸被冻得红彤彤的，身上还沾着一些面粉，尤其眉毛上面粉比较多，跟年轻版的“圣诞老人”似的。小伙子看了看我，也没主动开口说话，一看就是个不善言辞的腼腆的孩子。

我问小伙子：“你多大了？带没带身份证？人家的出租车是你剐蹭的吧？”

小伙子点点头，用家乡话告诉我，车是他剐蹭的，他今年 17 岁，出门时没有带身份证。

我继续问：“你把人家车剐蹭了，要赔偿人家钱的，带钱了吗？”

小伙子又沉默地摇摇头。

我又问：“你是在自家店里打工，还是给别人打工？”

小伙子看到我似乎也没有那么“可怕”，说话声也高了一点。他告诉我他是给老乡打工的，刚从老家来北京不到一个月，还没有拿到工资，可能暂时不能赔偿出租车司机。

站在一边的出租车司机是一个头发花白的 50 多岁的中年男人，听小伙子这么说，也无奈地看着我。

我把出租车司机单独叫到一边，劝他道：“我知道你起早贪黑地拉活不容易，可是这个小伙子也挺可怜的。这么小就离开父母出来打工，看着肯定没你家孩子岁数大吧？这小伙子的情况你也知道了，若要他赔偿则需要些时间，等他去借钱。其实你这个车修起来，也花不了多少钱，但这对现在的他来说就是很大一笔钱。你看看怎么解决好，我们一起商量一下……”

这时候，围观的群众也你一言我一语地说开了，大家都劝出租车司机自己解决，原谅这个刚走入社会的小伙子。

出租车司机站在一边犹犹豫豫的没有说话，我感觉他也很无奈，但又想尽快解决。

看到小伙子还沉默地站在一边，我走过去对小伙子说："没钱赔偿，还不会给人家道歉呀?"

小伙子小声地说了一句："对不起，大叔……"

出租车司机看了看他，无奈地摇摇头，算是原谅小伙子了。随后就钻进了出租车，开车走了。

【马后炮】

每个人在工作和生活中都遇会到很多无奈的事。民警在处置问题时要灵活掌握，引导当事双方多一些理解，这样问题处置起来便更容易有圆满的结果。出警过程中，肯定会有一些围观群众，这就是在监督状态下执法，同时，我们也可以让群众参与进处置的过程。我倒是希望有人围观，这可以让群众检验自己的现场处置能力，大部分时间还会收到意想不到的良好效果。

45 孩子需要历练

5 月的一天，上午 9 点多钟，阳光明媚。我刚刚上班，正准备出去巡逻的时候，接到在某餐厅的一个报警，内容是有人在餐厅打工的时候被餐厅工作人员打伤了。

我们很快到了现场，见到了一对穿着朴素、40 多岁的夫妇，还有一个满脸稚气的大男孩。现场离派出所很近，餐厅还没有开门，于是我们把他们接回了派出所。

经了解，报警的夫妇俩是这位17岁大男孩的父母，男孩在某餐厅后厨里面打工，头天晚上被餐厅的厨师长打了几个耳光，目前脸部有一点儿红肿，不过看着并无大碍。

男孩的家长用家乡话反复和我诉说着要处理这个厨师长，说孩子是去打工的，不是去挨打的，不能受委屈。

我问他们是否需要带孩子去医院检查一下，他们表示想带孩子去看看。

在他们带孩子去医院看病的空当，我们到大男孩打工的餐厅了解情况。在不远处的餐厅里，涉事的厨师长还没有上班，我们等了将近一个小时，才等来这个餐厅的厨师长。

厨师长胖胖的，50岁左右，操着一口浓重的四川口音，看见我们开始抱怨起来："我们这儿缺一个打杂的零工，要不是朋友介绍，才17岁的毛小子肯定过不了面试。哪承想他才来三天就偷懒，不踏实学本事还没眼力见儿，昨天晚上打碎了一个盘子，我就打了他脑袋几下。"

抱怨完，厨师长问我："警察同志，您什么意思，来找我干吗?"

我说："人家孩子家长到派出所报案了，说你打了他们家孩子。现在在派出所里面，你同我们去一趟派出所，如果没大事儿就给他们道个歉吧，现在看应该没有多大事情。"

在回派出所的路上，厨师长给我讲了他当学徒工时的往事，当年他的师傅特别严厉，打一顿都是家常便饭，学了好几年才出徒，之后自己不断学习、练习、交流，才有了现在的厨艺。

我做起了厨师的思想工作："之前听北京民俗专家讲过，学徒需要三年零一节（中秋节）才能够出师，在行业内要想成熟、有所建树，必须干满 10000 小时。”

看着一个劲儿点头的厨师，我话锋一转：“现在这个时代，再用老办法带徒弟肯定行不通，要灵活，要考虑现在孩子们的心态。留住这些孩子才能把手艺传下去，你说是不是？”

他点点头。

回到派出所，我把两个家长叫到了办公室，问他们给孩子看病的结果。他们说只是看了看门诊，没有拿药，医生说没事。

我问他们：“孩子才 17 岁，正是学习的好时候，怎么不坚持读书了？”

家长说：“孩子学习成绩不好，学不下去了，只好让孩子学点手艺。”

我又问：“孩子在几个地方打过工？”

家长说：“孩子在三个餐厅打过工，最长的也没有干过一个月，都是因为同他人发生矛盾才不干的，孩子也是年轻气盛。”

我语重心长地说：“咱们都是父母，都心疼孩子，但是他们不锻炼就长不大，孩子出门当学徒，家长不想他吃亏受累，那孩子就学不到真本领。你们这样管教孩子，总是护着他，他永远成熟不了。自食其力都做不到，这样是对孩子好吗？毕竟孩子不能一辈子都在家长的呵护下生活。”

听了我的话，两位家长面面相觑。

我又对他们说：“你们要转变观念，孩子吃点苦不是坏事。”

他们点点头，认为我说的有道理。

他们同厨师长见面后，双方交流了几分钟，厨师长跟孩子家长道了歉，家长表示也原谅了他的行为，也希望体谅一下他们的孩子。

【马后炮】

家长教育孩子既要“管”更要“教”。在孩子成长过程中，家长起到的作用是至关重要的，应该给孩子一些空间，才能让孩子成熟起来。家长的管教方式也会影响孩子的发展前途。要想在社会上立足首先要做到自食其力，工作没有简单的、不受委屈的，付出才会有回报。掌握一门技能，肯定不能一蹴而就。

这篇文章曾发表在《派出所工作》杂志中“我办理一案”栏目。

46 不容易的家长

我所在的中关村西区派出所辖区内有好几家国内著名的互联网公司，包括搜狐、新浪、百度等。

一天中午 11 点多，派出所接到一家互联网大公司的报警，称有人闹事，影响了办公秩序。

我们很快赶到现场，一出电梯就看见在公司办公区门口地上躺着一名穿着浅蓝色职业套装的年轻女子，全然不顾形象和影响，在她身边已经聚集了几名围观者。

看到我们到来，一位穿着浅绿色套装的干练的中年妇女走过来对我说，她就是报警人，也是公司的经理之一。

她指着躺在地上的那个女子告诉我，她原来在这里工作，三个月前刚辞职。最近，感觉她精神有点儿不正常，总到公司来找“男朋友”。其实她认为的所谓“男朋友”就是以前的同事，两个人只是认识，根本没谈过恋爱，小伙子不想见她，她还是来公司找他。这里是办公区，有门禁才能够进去，工作人员不让她进，她就躺在地上闹事。希望民警把她劝走，不要影响公司的办公秩序。

我听明白了怎么回事，走到了躺在地上的年轻女子身边儿，蹲下说：“姑娘，你起来，我来给你解决问题，不要影响人家办公了。”

女子装作没听见，一动不动。我观察了一下她，面容姣好，长发乌黑。

这个公司很繁忙，楼道里人来人往的，她躺在地上的确有碍观瞻，很不协调。

我站起来大声对她喊了一句：“起来!”

她一咕噜站了起来，面对面地看着我。我目不转睛地观察了一下她，一米七左右的个儿，偏瘦，穿着一身浅蓝色套装，看上去挺有素质的。

女子看着我愣了愣神，说：“警察同志，我怎么了?”

我指了指旁边儿，对她说：“你一个姑娘，躺在地上，多不文雅。你先到边上坐着，一会儿我找你解决问题。”她非常配合地坐到了楼道里一个角落的一个沙发上。

我们进到公司的办公区坐下来，通过女经理的叙述详细了解了情况。原来，这个女子毕业于北京的一所著名大学计算机系，在这里工作了两年了，工作能力还可以，就是不太合群，性格有点怪。后来与一位女同事发生了一些矛盾，经常吵架，最后自己选择了辞职。

这位女经理询问我，那个女子像现在这样经常来公司闹事，影响了公司的正常秩序，警方可不可以对她进行处罚。我对她解释道："依据《治安管理处罚法》，对无理取闹的当事人可以进行罚款和拘留处罚，主要看情节、影响、后果，具体情况具体分析。对于她这样产生臆想、精神上需要进一步观察鉴定的人，警方肯定不会进行处罚。"

这时，闹事女子的父亲被公司领导请了过来。匆匆赶来的这位工人师傅是个北京人，头发花白，满脸沧桑，肯定已到花甲之年了。他说女儿今年 27 岁，是家里的独生女，今年辞职回家以后，精神上有些不太正常，还会产生臆想。他们老两口为了安慰她，还用拆迁款给她买了一辆奥迪车。现在孩子成了这样，他们也不知道如何是好。

我说："年轻人还是应该上班，要有自己的追求，工作忙起来可能情况就会好一些。如果太严重，该看医生就去看，别耽误。家长也来了，你们双方商量一下吧，警方就不再介入了。"

双方事主对我们及时出警表示了感谢，我们就离开了。

【马后炮】

可怜天下父母心，感情的问题父母如果开导不了，应该让孩子找朋友谈谈心，或者直接找心理医生进行开导，才能不影响正常生活。民警工作时需要把握尺度，明晰对事件的介入程度，应该做得义不容辞，不应该介入的要有依据，跟当事人解释清楚，得到双方认可才是真正的文明执法。作为执法者，面对群众的法律咨询，要清晰明确地作出解释，不能模棱两可，这需要我们不断学习和掌握相关的法律知识。

47 有物美价廉的东西吗?

春节前的一天下午 3 点多钟，我们接到中关村某大厦内一名男顾客的报警，内容是购买手机被骗了。

我们在大厦里面一个销售手机的商铺前找到了这个报警的小伙子，22 岁左右，穿着一件灰色羽绒服，不修边幅，满脸怒气。

原来，这位报警人从老家来到北京打工两年多了，有了一点积蓄，最近交了一个女朋友，想在她面前显摆显摆，计划换一部 iPhone 6 手机，但 iPhone 6 手机正品行货的价格在 5000 元上下，他没有那么多钱。

两个月前，小伙子在中关村某大厦内一家商铺里通过和老板沟通，双方协商以 2500 元的价格成交一部二手的 iPhone 5 手机，通过验货、交款、开收据等一系列手续后，小伙子高高兴兴地拿着手机回家了。

谁知，手机使用了一段时间以后，总是出现小故障，其间销售手机的店铺也为他免费进行了维修。但那毕竟是二手手机，用了没多久又出现了新的毛病。一来二去，小伙子不乐意了，要求商铺退货处理，但商铺不同意，双方因此发生了争执，随后小伙子就拨打了报警电话。

了解了事情经过后，我认为这件事就是一个消费纠纷。

于是我首先找到商铺的老板说："对于一个打工仔，这2500元也不是一个小数目，小伙子生活也不容易，还是要想办法把手机修好。"

商铺老板点点头说："没问题，肯定会让顾客能够使用。"

在将老板的保证告诉小伙子后，小伙子也表示只要手机能修好就行，也不一定非要退。

我心平气和地对小伙子说："你买这个手机，既要物美又要价廉，这样的好事情有，但肯定不多。俗话说'一分钱一分货'，还是很有道理的。所以，这件事这样解决是最好的办法了。"

他点点头说："好吧。"

顺利解决双方纠纷后，当事双方握手言和，表示理解我们的工作，并分别在调解书上签了字。

【马后炮】

我认为，顾客在选择心仪商品时要遵从价值对等的原则，理性选择物美价廉的东西，廉价商品可能存在质量问题，如果购买，要确保商家能够出示保证质量的相关文书，以便为自己今后维权提供保障。

但也有一些不良商家、骗子利用人们贪小便宜的心理设计犯罪，如邮币卡投资、养老项目（骗局）、承诺高息回报等，这些低于成本的项目完全是为了引诱人们投资，最终导致投资人蒙受巨大损失。

48 5分钟化解交通纠纷

深秋的一天下午4点多钟，北四环辅路海淀桥到中关村二号桥南侧，一辆出租车和一辆捷达车相互追逐别车。当两辆车开到中关村一号桥东面红绿灯下面的时候，双方司机都下了车并动起手来，瞬间就造成了交通拥堵。

市局勤务指挥部马上用电台布置派出所巡逻车赶到现场进行处置。我当时正在值班室值班，连忙用电台指挥车组，到现场甄别情况，予以现场处置。

车组民警很快赶到了现场，将扭打在一起的两个司机分开，收了双方的身份证、驾驶本，然后让两个司机开着自己的车跟着警车到了派出所。

民警小陈拿着双方的驾驶本和身份证进了派出所大厅，递给了正在值班室值班的我，后面跟着的两个司机还在吵吵嚷嚷、争吵不断。

我和颜悦色、不紧不慢地对他们说："你们两人是来解决问题的还是来吵架的？如果是来吵架的，请你们到外面先吵架，什么时候吵完了，吵累了，不想吵了，再进来，好吧？"我这一句话，让双方司机马上停止了争吵。这个就是我的工作经验，针对争吵不断的双方，用这句话，会立竿见影地让他们停止争吵。

我仔细地观察了一下双方司机，两个人都是中年人，开捷达车的司机留着长头发，穿着一件蓝色西服，戴着大金链子，身材比较瘦。出租车司机穿着黄色工作服，皮肤很黑，满脸疲惫。从两个人的口音判断他们都是地道的北京人。

我看了看双方的伤势，问道："你们两个有伤吗？需要到医院看看吗？"

双方都摇摇头说："不用了。"

我接着说："你们两个是愿意在派出所再吵一会儿呢，还是各忙各的呀？我明天早上 9 点才下班呢，可以陪着你们。"两个人愣住了。

我看着出租车司机对他说："开出租车不容易，挣辛苦钱，耽误工夫，车份不会少吧？"他点点头。

我又对开捷达车的司机说："天这么冷，回家吃热乎乎的涮羊肉好呢还是陪我值班好呢？"他看着我，苦笑了一下。

我继续对他们两个做工作，说："你们两个都没有受伤，是想和解呢？还是想把矛盾复杂化呢？复杂化就是双方较劲，耽误工夫，陪着我值班到明天 9 点。我下班再让你们走，你们看怎么样？"

出租车司机想了一下，对开捷达车的司机说："你给我说声对不起，就算了吧。"对方马上就挥起手很有诚意地说："对不起了。"两个人还象征性地握了握手。

由此，我想起了天津的相声演员马志明说过的纠纷，也是类似这样的矛盾。

我让他们在出警登记簿上签了字，双方司机对我道谢后就离开了。

【马后炮】

发生冲突的这两个人都知道阻碍交通后果的严重性和

自己应该承担的法律责任，而且都不想耽误时间。我掌握了他们的心理活动，从此着手予以劝说，矛盾自然迎刃而解。现在发生的各类矛盾尤其是打架斗殴，都是一些鸡毛蒜皮的事情演变而成的，我希望人与人之间，多一些宽容和理解。民警化解群众之间矛盾的时候，只要掌握相关的法律知识以及运用合理的工作方法，就会事半功倍。

49 使用假文凭的年轻人

2006年10月中旬的一天下午3点多钟，一个公司老板打“110”报警电话，说公司里面有一个年轻人闹事，还发现他使用了假文凭，请民警来处置一下。

我们到了繁华的街区停好车，走进这个商务大厦，找到了位于22层的这家公司。

公司老板的办公室很奢华，有100平方米左右，表明了公司的经济实力很强。

西装革履戴眼镜的中年老板礼貌地接待了我们。一进办公室，我看到沙发上坐着一个年轻人，也是西装革履。

老板指着年轻人说：“就是这个小伙子，应聘我们公司的销售经理，结果工作了三个月，业绩上不去，我们本来就想解雇他，给他三个月工资让他走人，可是他认为公司给他发的工资少了，就不交接工作，还到我这里无理取闹，他说自己是清华大学毕业生，我们让他拿出文凭来，他今天把文凭拿来了。”

老板从自己桌子上拿起来一本红色的文凭，站起来递给我。我拿过来文凭打开看了看，心里不禁乐了起来，这文凭明显是假的，上面的格式是对的，也有校长的签名，就是人为文字填写的内容。填写的字迹不清，著名大学的文凭不可能犯这种错误。

我走到小伙子身边儿说："你站起来，把身份证给我。"

他站起来，从身上拿出来身份证递给我，我接过来看了看，居住地是这个著名大学的家属区，我曾经在那里当过社区民警，非常熟悉那里的情况。

我对他说："做这样的事，你惭愧吗？"

他看着我，没有说话。

我继续说："我可以找到你父母，还有你的亲朋好友，告诉他们你的所作所为，你觉得需要吗？"

他惊讶地看着我说："那就不必要了。"

我说："使用假文凭，现在还没有法律依据，将来肯定会有的，但这首先说明你的道德有问题，这是一种欺骗，你想打算怎么办？"

他喃喃地说："我可以赶快结工资走人吗？"

我看了看老板，老板冲我点点头。

我对小伙子说："你在外面等一会儿，我同你们老板谈一谈。"

小伙子转身走出了老板的办公室。

我与老板沟通了一下，首先，为什么这种假文凭会蒙混过关？老板告诉我，他需要仔细调查一下，找到漏洞，杜绝再次发生类似的事情。其次，目前没有处罚使用假文凭的法律依据，所以只能够对他进行批评教育，剩下的工作就要你们自己处理了，我们就不介入了。老板说："好的，谢谢你们了。"

【马后炮】

随着法律制度的不断健全和完善，越来越多不法行为变得有法可依。这件事发生不久，国家就颁布了对使用假文凭等相应的处罚依据。

我国《治安管理处罚法》第 52 条第（二）项规定，对买卖或者使用伪造、变造的国家机关、人民团体、企业、事业单位或者其他组织的公文、证件、证明文件的行为，处十日以上十五日以下拘留，可以并处一千元以下罚款；情节较轻的，处五日以上十日以下拘留，可以并处五百元以下罚款。因此，视购买、使用假文凭者情节轻重，追究其相应的行政责任。

现在的一些年轻人总想着走捷径，不劳而获，弄虚作假，铤而走险。以前使用假文凭防不胜防，随着法律法规的完善，以及网络上可以查询文凭的真实性，此类现象如今很少见了。

50 800 元开一瓶啤酒

一天晚上 9 点多钟，我们接到一个刚刚开张的高档餐厅的老板的报警，称有人损毁了包间里面的餐桌，请民警来处置一下。

我们到了这家餐厅，见到了报警的马老板，还有包间里面与之发生矛盾的几个小伙子。通过双方叙述，我了解了矛盾发生的来龙去脉。

原来，几个小伙子中的一人家里刚刚拆迁，补偿了几套房子和不少钱，他父母非常高兴，给了他一万元，让他随便去花。

他今天在这里请朋友吃饭喝酒，刚才服务员上了几瓶啤酒，他没等服务员拿来开瓶子的起子，就着餐桌的边上用力一拍，开了一瓶啤酒，可是在餐桌的边上刻下来一块2厘米左右的痕迹，正好被进来的服务员看见了，汇报给了马老板。

这些餐桌是马老板精心挑选的红木餐桌，价格不菲，一套6000多元。

马老板与他们几个商量赔偿的事宜，双方分歧较大，小伙子一方同意赔偿200元。老板说最少1000元，不然就把餐桌拉走，让他们重新买一套送回来，他这里还有餐桌的发票。

过程我听明白了，我让马老板先回避一下，先与这几个小伙子沟通。

我对他们严厉地说："你们嘴急呀？连服务员拿起子的时间也等不及了？爱惜公物、爱惜餐厅的物品是一个人最基本的道德要求。有钱并不是指你就可以恣意妄为，无论是谁都应该受法律约束。你这么做，最低也是受道德谴责！请你父母来，咱们一起商量怎么解决更好。"

惹事的小伙子说："的确是我惹了事，也认识到错误了，我们就是损毁了一点儿，餐桌还能够用，您看看我们赔偿这里800元行不行？您给费费心，麻烦您了。"

我说："我试试看。"

我找到了马老板，商量了一下，他同意了这个解决方案。

【马后炮】

随着社会物质的极大丰富，我们要不断加强精神文明建设。现在有些年轻人恣意妄为，不受道德约束，做出很多不可思议的事情，完全靠法律的制裁和约束也不现实。所以，关键是让年轻人的精神生活丰富起来，提高道德的标准，让社会更加和谐有序。

51 这是简单的停车纠纷吗?

我们派出所管辖的中关村地区高楼林立，大厦的停车场也成了“标配”。

在海淀区双清路上，清华大学东门东侧的同方商务大厦的地上停车场比较繁忙。但是，这里近一段时间出现了不和谐的事情，并且发生了多起停车纠纷。

2007 年夏天，一个酷热难耐的晚上 6 点多钟，一个戴眼镜的小伙子开车接下班的媳妇儿，进停车场时没有人阻拦，也没有任何告示牌。1 分钟之后，媳妇儿从大厦里面出来上了车，小两口准备离开这里。开车驶出停车场的时候，一个保安出来拦阻了他的车，说要收费。

小伙子说：“我进来不到 3 分钟，为什么收费?”

保安说：“进来就要收费，我们领导说的。”

小伙子说：“你们领导的依据是什么呢? 别的停车场都是不到

15 分钟不收费。”

保安说：“你交 5 块钱，你就可以走了，我们领导告诉我的，我就要这样执行。”

小伙子说：“把你们领导叫来，我问问他。”

保安说：“领导不在，你不交钱，就不能走。”

保安站在汽车前面不让走，双方发生了冲突，互不相让。小伙子启动了车子，并慢慢地顶着保安往前开，保安也不退让，直至车子将保安顶倒，才停下来。

保安班长过来打“110”报了警。

我们民警到了现场，将双方当事人带回了派出所，进一步解决。

我接待了他们，出警的民警去这个大厦的监控室查看录像，看看到底发生了什么。

我首先询问保安，是否受伤，是否需要看病。他摇摇头说：“不用。”

我又同小伙子了解了一下情况，他说，这样收费太不合理了，心里接受不了。

看监控的民警回来后告诉我，由于不是高清探头，画面比较模糊，但过程看上去就是这样一个简单冲突。

我把保安及保安班长叫到了一边儿，同他们沟通了一番：“你们看如何解决呢？”

他们要求赔偿 200 元。保安班长说：“保安因为受到了惊吓，需要休息 3 天，我们需要找人替班，所以要求赔偿。”

我说：“你们的人没有受伤，可以继续上班，给你们道歉是可以，但我认为赔偿 200 元不是很合理。”

他们还是坚持己见，我只好把他们的意见告诉了小伙子，小伙子因为第二天要出差，主动拿出 200 元给了我，并说：“实在惹不起他们，我没有时间与他们折腾了，麻烦您交给他们。”

我把钱转交给保安，让双方在调解书上签字。

我请保安班长留下来，询问他为什么汽车进停车场几分钟也要收费。他告诉我这是他们公司规定的。

当时，各个停车场对停车收费的标准和要求的确是不统一的，大部分是进门不到 15 分钟不收费，个别停车场是进门就收费，没有统一的标准。

我询问了他们公司的名称和地址，以及负责人的联系电话，然后让他们离开了。

我回想起这个停车场在近期发生了多起类似的报警，都是保安与车主发生了纠纷，最后车主赔偿了保安现金了事。

我觉得这一切都是这个保安班长在作祟。一些保安公司的保安班长会从保安收入中提成。

我给他们位于丰台区的公司总部负责人打了电话，反映了这个停车场发生的种种纠纷，希望他们可以考查一下这个保安班长，看看是不是因为他才有的这些纠纷。这位负责人说公司调查一下，然后给我回信。

第二天上午，这个公司负责人给我打来了电话，说换走了这位保安班长。自他离开后，这个停车场不再有新的报警了，恢复了正常的秩序。

【马后炮】

解决问题，一定要找到矛盾的焦点和源头，矛盾才能够迎刃而解。透过现象看本质，需要有独立分析问题的能力。民警的职责，就是消除隐患让社会恢复和谐的状态。

52 面对投诉

这件事让我记忆犹新。

一天下午3点多钟，中关村某大厦一个买卖监控器材的商铺老板报警，称发生纠纷，请民警来帮助解决。

我们来到了商铺密集的大厦二楼经营区，这里人头攒动，我们在东北角的一个卖监控设备的柜台找到了报警人。

老板40多岁，操着一口南方口音，指着旁边儿一个30岁左右的年轻人说："他在我这里大喊大叫，影响我做生意了。"年轻人冲着老板说："你今天把货都给我，我就走。"

我对他们说："你们不要吵架，我听明白事情的经过才能够帮助你们解决问题。你们希望在这里解决，还是跟我回派出所解决？"

他们两个看了看，都说希望在这里解决。

我说："你们分别说一下是怎么一回事，让我听明白。"我又对年轻人说："你先回避一下，一会儿我再听你说。"他转身离开我们10米左右，看着我们。

商铺的老板对我说："这个人在我这里签了合同，订了30

多万元的货物，我已经给他一半左右的货了。可是他背着我找到了我的供货商，想让供货商直接给他货物，省一部分钱。供货商是我长期合作的朋友，当然不可能同他合作了。我就是生气，所以剩下的一半左右的货就没有马上给他。合同我肯定会履行，但就是不想让他痛快！对这样的人，就是要教训教训他！”

我听明白了，挥手让站在10米外的年轻人过来。他过来后，我问了一下事情经过，他说他就是联系了一下供货商，但没有进一步商谈和合作。我说：“把你们的合同拿给我看看。”年轻人从随身背包里拿出供货合同。我看完之后，还给了他。

然后，我对他们郑重其事地说：“你们这件事就是一个供货纠纷。这有合同，合同的第五部分违约责任包括产生矛盾和履行不下去的解决方式，协商、仲裁、诉讼都能解决，但我们公安机关解决不了。所以，你们的矛盾我们不介入了，希望你们理解。”

我在出警本上登记好两人的身份证号后，让双方签字，准备离开了。

这时候，年轻人拦住我们说：“让这位老板今天就把剩下的货物给我，不然我就一直在这里闹事，让他做不成生意。”老板解释说：“今天给你不行，一周之内，肯定没问题，而且按照合同规定的时间我也没有违约。”

我知道两个人互相斗气，有过节了，合同履行起来自然不会顺利。

我觉得年轻人心态有些不好，需要让他冷静冷静。否则，双方一言不合动手打架，可能还会变成治安案件。

我对他们两个人说："你们收拾一下东西，随我去派出所进一步解决。"

两个人很不情愿地随着我们坐警车来到了派出所，我把他们交给了值班警区，值班警长听我说明之后，让他们在值班大厅里面先冷静一下，因为这个矛盾据我刚才的分析肯定不在我们的管辖范畴。

我过去把年轻人叫到了一边儿，语重心长地对他说："这件事你要遵守规则，人家老板同供货商合作多年，一年销量很大，肯定会拿到优惠的价格。你找到供货商也没有用，你要的货物肯定比老板少得多，你不要看人家赚钱生气，否则肯定会处处碰壁，你需要成熟起来。"

他看了看我，也没有反驳我，但一脸的不屑。我知道我遇见一个难于沟通、心理偏激的人。

事已至此，只好让他们冷静下来，自行解决。过了两个小时左右，两个人自行离开了。

第二天上午 9 点，分局督察民警给我打电话，说我被投诉了，希望我去一趟说明情况。

我到了分局督察办公室，他们告诉我昨天的年轻人投诉我把他的供货合同弄丢了。我把事情的来龙去脉说明白了，并查看了执法记录仪，里面清楚地记录了合同是被年轻人自己拿走了。

【马后炮】

投诉不可怕，但如果投诉被查证属实，那就应该承担责任。投诉是当事人的权利，我们只有做好自己的工作，做到滴水不漏、无懈可击、有理有据才行。现在，执法记录仪也是民警维权的重要工具。在面对心态不好的人时，我们要更周全地做好记录工作。

53 一壶开水引发的纠纷

初冬的一天上午10点多钟，一位70岁的老先生坐上717路公交车，用帆布包携带了两个老式绿色铁皮暖壶，里面装满了开水。上了公交车后老人在后排坐了下来。这个时间段车上的人不多，他将帆布包放在了脚下。公交车运行的开始几站地还一切顺利，可是到了中关园车站，公交车刹车减速停下来的时候，他的暖壶歪了，里面的开水洒了出来，将旁边儿坐着的一个小伙子的脚踝给烫伤了。

小伙子要求老先生带着去看病，老先生认为开水洒得不多，又是隔着袜子烫的，伤势不会太重，不同意去看病。双方发生了争执，小伙子打“110”报了警，请民警来帮助处置一下。

我们到了现场，上了公交车，见到了矛盾的双方。我记下公交车售票员的联系方式以及车号后，把矛盾的双方请下了车。然后我问售票员，是否看见老先生带着“危险物品”上车。她说人多没有注意到。我告诉她，如果需要调取车上的监控，再联系她们。

我在路边儿看了看这位老先生，70岁左右，穿着一件皱皱巴巴的黑色外套，花白头发，戴眼镜，文质彬彬的，我好奇地问了一句：“您干吗要带开水呀？这东西很重也危险，多辛苦呀！”老先生看着我没有回答。我感觉他可能是有难言之隐。

我查看了“肇事”的帆布包和暖壶。帆布包是原来木工用来装工具的，现在已经非常罕见了；两个绿色铁皮暖壶上有些锈迹，也是老物件了，暖壶上面圆圆的木头塞子，看上去也用了很久了。

我看那小伙子，20 多岁，瘦高的身材。小伙子是刚刚毕业的外地来京大学生，脸上带着痛苦的表情。我看了看他的右脚踝，有一片明显的红色烫伤，不是很重，但也需要治疗一下。

我对他们说：“你们把身份证给我，我需要登记。”他们把身份证给了我，我在出警本上记录下来情况，然后让他们签字。

我把老先生叫到了一边儿说：“您需要带他去看病。”

老先生说：“好的。”

我说：“这件事，您是负全部责任的，看病之后，应该给一点儿合理的赔偿，这样也是公平的。”

老先生问我：“给多少合理呢？”

我说：“你们协商为好，我们不介入了。”

老先生点点头。

我又过去，又对小伙子说：“跟着老先生去医院看病吧。”

小伙子痛苦地咧着嘴说：“好吧，就是快一些。”说着，他仔细地看了看我的警号。

他们两个人商量了一下，决定上附近的西苑医院。

当天下午 3 点多钟，小伙子打电话找到我，告诉我看病之后，同老先生因为赔偿又产生了矛盾。他要求赔偿 2000 元，老先生只同意赔偿 800 元。

我告诉他：“可以到我这里取得相关证据，起诉老先生，让他赔偿你费用，但是我认为赔偿800元也是合情合理的。”不过，后来他们并没有来派出所找我，估计自己协商好了。

【马后炮】

出警中，肯定会遇见意想不到的、不可思议的事。合情合理、公平公正地解决问题，是民警现场处置能力的具体表现。“110”联系着千家万户，民警就是化解这些矛盾的主力军。

54 为了两毛钱报警

作为警察，保一方平安是我们的职责和义务。夜班的时候，看见万家灯火逐渐熄灭，我们替大家守护着这份安宁，这也是我理解的岁月静好，我常常戏称我们是城市的“守夜人”。

一般情况下，夜班12点之前是比较忙碌的；12点以后，路人逐渐减少了，相对的报警就比较少了。

现在生活条件好了，自由度高了，人们的夜生活也越来越丰富了，随之也催生了一些为夜生活服务的行业，比如一些无营业执照的小商小贩，推着三轮车在马路边儿做起了卖各种小吃的小买卖，如卖羊肉串、麻辣烫、烤冷面等。虽然城管部门也查抄了多次，但他们像“打游击”一样，跑得很快，屡禁不止。

深秋的一天凌晨3点多钟，一个男人报警，说发生了消费纠纷，请民警来处置。

我们到了报警的地点，中关村某酒店门口一块不大的平地上，聚集了10多个小商贩在做生意。

报警人是两个有点儿微醉的南方人，其中一个吵吵嚷嚷地指着一个卖麻辣烫的小商贩对我说："他们做生意不讲诚信，该找钱不找钱。"我问那个小商贩发生了什么矛盾，小商贩说，他们在他这里买了3串麻辣烫，一串是6毛钱，一共1.8元，他们给了自己2块钱，但他这里没有2毛钱找对方了，就让他们再吃一串，他们不干了，非要他找钱，就是为了这点事情报了警。

我转身问那两个人是不是这么回事？他们说就是这么回事。

我一听，强压怒火，为了2毛钱报警，的确是很奇葩了。

我对报警的人说："你是选择再吃一串，还是我找给你2毛钱？"

他看了看怒气冲冲的我，没有说话，而是从小商贩卖麻辣烫的盆里面拿了一串，转身就走。

等他们走远了一点儿，我对这些摆摊的小商贩说："你们赶快走，我现在去找城管，一会儿就把你们抄走。你们是不是认为没有人管你们了？"

我回到警车上，给城管热线96310打了过去，向他们反映了情况，希望他们尽职尽责，清理这些无照经营的小商贩，还中关村良好的环境和秩序。

几天后，城管部门采取了措施，清理了这个乌烟瘴气的地方。

【马后炮】

我认为，报警应该限制内容，对于这种"无聊"的报警人应该做不良记录，这是为了不浪费警力资源，使公共资源能够更合理、有效地利用起来。

55 这样是哗众取宠吗？

在海淀医院门口的停车场停车是一件令人头疼的事情，一是开车来就医的人太多，排队时间长；二是两条队伍不知道排哪条好，一条是在辅路上，另一条是在主路最右侧的车道，而最终都是右转，进口只有一个。其实按照顺序通过的行车原则，互相谦让，也是很有秩序的。可是这里经常有人不遵守秩序，发生冲突。

我与停车场的工作人员沟通过，如果只排一条队，这个问题就自然解决了。

冬天的一个上午 10 点多钟，这里发生了冲突，报警人打“110”说有人开车撞他。

我们开着警车到了海淀医院门口，在停车场外面，我感觉汽车比平时多了一些。停车场的工作人员指挥着我们的警车，很费劲地进了停车场，见到了矛盾的双方以及站在一旁的交通民警。两辆引起冲突的汽车——一辆银灰色的吉利和一辆驼色的宝马 750 就停在旁边，现场围观了不少人，估计刚才矛盾冲突比较严重，同时也加剧了停车场的拥堵。

我过去询问谁是报警人，一个 40 多岁穿戴朴素的中年人怒气冲冲地跟我说，是他，他指着一边儿的两位女士说：“是她们两个开车撞我的吉利车。”

我必须通过多方面了解才能够更加清楚事实的真相。

我又走到交通民警的身边，了解谁应该承担责任。交警告诉我是报警人不遵守交通秩序，应该负主要责任。两位女士没有避让，负次要责任。交警已经把交通责任裁定书写完交给了他们，吉利车的车主不服裁定，报了警。需要我们来继续解决治安责任范畴的问题，就是两位女士开车撞他的责任。

我又走到两位中年女士的身边儿，其中一个穿风衣的女士对我说她是司机。我了解到她们开车在辅路上按顺序排队进停车场。可是这辆吉利车不遵守秩序，非要从左侧强行加塞，加在了她们前面。她们没有让他进来，结果撞到了吉利车的右侧，发生了剐蹭，但不是很严重。她们告诉我，他心里不平衡，还骂人。

我听明白这是怎么回事了，转身看了看，围观的群众比较多，而且一些人在用手机拍照和录小视频。市民录像也是可以理解的，我们应该习惯在这样的环境下执法。

这件事现场可以解决。这个时候，我们就要针对这个报警的具体情况，胸有成竹地面对当事人和围观群众，发表处置意见。

我对吉利车司机大声说："人家都开车排队，你干吗不排队？"

他撇撇嘴没有说什么。

我继续说："就你有急事，人家的事情都不急吗？"

他反驳我说："那她们也不应该撞我呀？"

我说："交警都裁定责任了，你就是要负主要责任，现在耽误时间长了，后果也严重了，值吗？你这样就是'欲速则不达'。"

围观的群众纷纷说是，他也没有再狡辩。

我说："这里可以调出来监控录像，具体怎么回事，可以一清二楚地看明白，你需不需要看看？”

他没有说话。

我说：“社会是有秩序的，你遵守就会平安无事，你不遵守就会自找苦吃！”这话我也是说给围观的群众听的。

我最后说：“你说人家开车撞你，其实就是你没事找事。你可以跟我回派出所，按照寻衅滋事，对你进行罚款处理，你看怎么样？”

他说：“我自己解决吧。”

我又过去与两位女士沟通了一下，她们说车伤得不重，她们与吉利车司机商量一下，走保险就是了。

【马后炮】

民警常常会在各种监督状态下执法，要胸有成竹、公平公正，必须要掌握一定的法律知识、工作知识和社会知识，具备现场处置能力。我们要不怕群众的监督，而且欢迎群众监督。我理解的好警察就是要“追得上，打得过，判得正，说得明”。

56 巧妙处置邻里之争

在中关村某小区，一栋五层的普通楼房里住着这样两户不可思议的邻居——住在五层的是一对在研究所工作的小两口，带着一个7岁的孩子；住在楼下四层的是一个在某中学当会计的单身母亲，带着一个10岁的女孩儿。

两家之间摩擦、积怨已久，互不相让。双方经常互相制造噪声，楼上跺脚、搬椅子等，楼下就拿墩布往上捅，大概持续了两三个月的时间，楼下的女士几乎每天晚上都要报警。

我四天值一次夜班，那段时间我每次夜班都会接到一到两次她的报警。每次民警出警后，都会安抚她一下，然后就离开了。我在值班室，也总是在电脑上正常回复分局“民警已经到现场，正在给双方调解中”，可是这个矛盾一直没有从根本上解决，过几天还是老样子又“吵”起来了。

谁应该负责从根本上解决这件事啊？

我认真思考了这件事，也看了双方两个家庭的基本情况，同出警的几个民警沟通过，听他们描述处置的过程，以及双方矛盾的焦点，感觉这件事是可以从根本上解决的，只要双方精神正常，不偏执，问题就有解决的可能。

这天晚上9点多钟，楼下的女士又报警了，内容还是楼上扰民，我决定亲自去现场解决了。

我们到了报警的女士家中，听她说明情况。她讲刚才楼上有意跺脚，吵得她没有办法看电视了。

我问她：“你和楼上的邻居以前认识吗，发生过矛盾吗？”她告诉我：“以前不认识，也没有发生过什么矛盾，就是因为楼上总是制造噪声，才报警的。”

我说：“这三个月来你已经报了有几十次警了，问题一直没有从根本上解决，你看这样行不行，我一会儿去楼上沟通，让他们小心和克制一些，尽量不要产生噪声。你也理解一下，不要故意制造矛盾，否则，我就请你们两家去派出所，不商量好不许回来。你不能总拿报警当儿戏，警力可是大家的公共资源。”

我这么一番激动的话，让这位女士也震惊了，她看着我说：“您去说吧，我配合您的工作。”

我离开她家到了楼上，敲开门，开门的中年男士看到警察来了有些诧异。我说：“我们是派出所的，刚才楼下的住户报警说你制造噪声扰民，我想同你沟通一下，可以进门同你说说吗？”

他把我让进家里，我们看到了他的媳妇儿和孩子。我坐下来同他沟通了一番。他说：“有时候不是故意的，都是正常使用物品的声音，可是楼下女士反应过激，过于敏感，我们可以尽量小点儿声音，克制一些。”我也告诉他，要互相理解一下，做邻居也是缘分，希望这个矛盾能够从根本上解决。

我又回到了楼下，告诉楼下的女士沟通结果，希望她能理解一下，有些声音的确不是人家故意发出的，今后楼上也会克制，不要再频繁报警了。

经过这次耐心细致的调解工作，让双方均理智了些，也明白要克制自己的行为了。这位女士日后没有再报过警了。

【马后炮】

找到矛盾源头，问题自然迎刃而解。工作认真负责或是敷衍了事，结果会大不相同。

57 这是杀人现场吗？

夏日的一天晚上 7 点多钟，我们接到在中关村某大厦九层写字楼的三级报警，称有人杀了人，杀人者还在现场。我打电话过去，接电话的是一个哭哭啼啼的有南方口音的女士，我问她什么情况。她支支吾吾地说有人杀人了，然后就挂了电话。我再给她打电话，她就不接了。

情况紧急，具体情况不清楚，只有尽快到达现场，予以处置了。

好在我们离报警地点不远，开车两三分钟就到了大厦楼下。上到九层，正巧遇见我们派出所的值班副所长和值班警长，他们也正急急忙忙地往报警的地点赶。我们在曲曲弯弯的楼道里走了 100 多米，才找到报警的 9202 房间。推开房间门，里面有两个人，一个是哭哭啼啼的中年女士，是她报的警。还有一个中年男士坐在办公桌旁。地上没有血迹，也没有倒下的人，更没有异常情况。我们赶快问："哪里杀人了？"

男士站起来，指着一旁的女士说："她就是精神病。"女士捂着被打得红肿的脸，哭哭啼啼。

经了解，原来他们是两口子，都是北漂，来北京拼搏十年了，小有成绩，生意也是越做越大。近期男士喜欢上一个女孩，同这个报警的女士正在闹离婚。刚才，两个人正在为分割财产以及孩子的抚养费等问题吵架，男士动手打了她几个耳光，她一气之下，夸张地报警说有人杀了人。

我们当面痛斥了她，说她故意夸大报警事实。她还狡辩说：“你们要是不来，他真会继续打我，把我打死了可怎么办？”

我说：“你要是报警如实说男方家暴，我们也会来处理，可你偏说杀人了，你这属于主观臆想！”

她争辩道：“我要是不说得这么严重，你们能够这么快到吗？”

我听后苦笑了一下，这才是她夸张报警的真正目的。

我们将他们俩带回派出所，告知他们妥善处置自己的家庭矛盾，如果争议太大，可以到人民法院提起诉讼解决，不要再扰乱社会秩序，因为虚假报警、捏造事实报案是浪费国家警力的表现。而且，这样虚假的报警查证属实后，可以按寻衅滋事行为对报警人予以行政拘留。小两口听后表示会妥善处理好自己的事情，不再给警方添麻烦，对自己不理智的行为，表示了歉意，希望我们能够谅解。

经同派出所领导协商后，我们对他们进行了批评教育，没有将他们行政拘留。

【马后炮】

根据《治安管理处罚法》第 60 条第（二）项规定，伪造、隐匿、毁灭证据或者提供虚假证言、谎报案情，影响行政执法机关依法办案的行为，处 5 日以上 10 日以下拘留，并处 200 元以上 500 元以下罚款。不虚假报警也是对我们警察工作的尊重，是具体的爱护民警的一部分。

58 在白家大宅门食府门口打群架

开春的一天晚上 9 点钟左右，我们正好在中关村一号桥西侧执勤，接到分局指挥中心的布警，称在八一中学北侧的白家大宅门食府门口，有多人打群架，请民警迅速到现场甄别情况，予以处置，并到现场汇报情况。

我们从距现场两公里外处快速赶到白家大宅门食府。这里灯光比较亮，现场围观了很多人。我们走近人群，看见在马路边上，一位老太太躺在了地上，她身边一个中年男人满口酒气地过来用手扒拉我胳膊说："你看看，这是他们给我们打的。"我马上严肃地对他说："你可以说话，但是要再拉我，我就给你戴铐子了。"他愣住了，马上收敛起来。边上的人把他拉开，我看到发生冲突的另外一方也有人捂着受伤的头部。双方已经停止打斗，就是还在吵吵嚷嚷的。

我用电台向所里汇报了情况，并请求支援。现场人太多，具体情况需要进一步了解。我也给分局勤务指挥处汇报了情况：正在现场处置，具体情况稍后续报。

现场离我们派出所很近，值班的张警长带着支援的十几个民警很快赶到，帮助了解情况和进一步处置。一辆急救车这个时候也到了现场，将躺在地上的人简单救治后，拉到了救护车上离开。

这个时候，我通过询问双方当事人，了解了大概的情况。

其实他们之间素不相识，都是刚刚和亲朋好友在大宅门食府吃完饭，先后从餐厅走出来，双方上了各自的高档轿车之后准备离开，因为挪车而发生了口角，并借着酒劲儿大打出手。

当我们正要将双方相关当事人带回派出所进行进一步处置的时候。两个人突然闯进了人群。前面的一个 30 岁左右的小伙子挥拳打向捂着头部的一方当事人。派出所张警长正在当事人身边，马上掏出手铐，和其他民警配合将他背过胳膊戴上手铐。

同时，小伙子后面 60 岁左右，头发花白，中等身材的人也表现得非常激动。我走了过去，声色俱厉地对他说："你要是敢闹事，我今天就让你看看后果。"他马上停了下来。我见他冷静下来，没有想再冲动闹事，便对他说："希望你配合我们的工作。"他说："好。"

双方发生冲突的当事人共有十多个人，因为离派出所很近，也就不到 200 米的距离，我们就将当事人一部分带上警车，另一部分一起走着来到派出所。

在派出所门口，我们遇到了戴着背铐的小伙子的父亲。

进入派出所大厅时，当事人的父亲也要随着进去，张警长说："他是成年人，你不可以进来。"中年人大声地说："我要投诉你！"张警长也不含糊，抓住自己警服的警号大声说："这是我的警号，你好好看看，记住了，你随时投诉！"

我拿出电台，给分局指挥中心汇报了情况："经初步了解，双方是因为停车发生了纠纷，随后大打出手，双方均有人受伤，已将双方当事人带回了派出所，进一步了解情况。"

我们对相关人员进行询问，记录情况。用了一个多小时的时间。

张警长说："急救车拉走的人和后来又去看病的人正在做各种检查和治疗，估计看完就要到天亮了。如果后果严重，法医伤检出来，构成轻伤以上的，就是刑事案件了，如果只是构成轻微伤，双方就可以调解解决，那样就比较简单了。"

第二天伤检出来后，双方的伤势均不太严重，于是最后调解解决了。

【马后炮】

我在派出所工作多年，类似这样的打架斗殴事件时有发生，夏天比较多一些。大部分都是因为一些鸡毛蒜皮的小事，许多人也是打架之后，后悔不已。前几年北京发生的"摔孩子事件"，肇事者付出了生命的代价，受害家庭也失去了孩子，这是多么惨痛的教训啊！

民警要有控制现场的能力，并且在群众监督下执法，现场处置要科学合理，无懈可击。

警方处置复杂警情时，首先应该详细了解情况，分清责任，明晰处罚的法律依据，然后才能迅速予以处置。

59 贫贱夫妻百事哀

初秋的一天下午 5 点多钟，我们接到某大型超市安保部的报警，称抓到了一对小偷，请民警前去处置。

我们到了该超市的安保部，看见了一对 40 岁左右，个子不高，垂头丧气的中年夫妻。

听了安保部工作人员的叙述，我们了解了事情的经过。

原来，女方三个月前在这里应聘收银员，上班之后，按部就班地工作，尽职尽责，工作称职，挑不出来毛病。后来有一天，她的老公来这里买东西，他们两个装作不认识，却在结账的时候，将部分商品略过没有结账。两口子自作聪明，以为无人发现，其实他们的一举一动超市的相关人员都掌握了。

这天下午，两个人又如法炮制，被超市安保部的人员抓了个现行。现场他们没有付款的物品共有 500 多元，两个人面对这些证据无话可说。

我看两个人穿戴都很简陋，衣服脏兮兮的。

我问他们："有孩子吗？"男的小声说："有，在老家呢。""几个孩子呢？""两个，一个 5 岁，一个 3 岁，都是孩子的爷爷奶奶给带着。"

我说："干吗想这些歪门邪道，若是没有文化，干个卖力气的工作，就是收废品、送快递，也可以生活得不错，不能总想着不劳而获，这在社会上肯定是行不通的，不遵纪守法，必然要受到惩罚。"

我问他们："以前被拘留过吗？"两个人都摇摇头。

我让他们两个拿出身份证，在出警记录本上作了登记，然后说："跟我们回派出所，进一步处置这件事吧。"

他们构成盗窃犯罪，现在已是犯罪嫌疑人。我拿出手铐给他们一人一只手戴上，把他们盗窃的赃物也装在塑料袋带好。回到了警车上，把他们两个带回了派出所，交给了警区作进一步审查。

后来，我们民警在他们的租住地又发现了大量的各类赃物以及相关证据，他们盗窃的物品，初步作价就有两万多元，最终两人被刑事拘留。

【马后炮】

人还是要当老实人、办老实事。不劳而获让人鄙视，勤劳致富才是正道。维护社会秩序，是我们警察的职责和义务。随着城市化的发展，这类犯罪肯定不可避免，虽说家家都有一本难念的经，但生活的困难不能够成为犯罪的理由。

60 调解业主同物业的纠纷

开春的一个星期天的上午 10 点多钟，我们接到某新建小区一位业主的报警，称家里装修需要让货物进小区而物业不让进，发生了纠纷，请民警来帮助解决。之前这个小区发生过类似报警，我让出警的民警把双方当事人都带回派出所，我来解决这件事。

过了 20 分钟左右，民警把双方当事人带回了派出所。在派出所大厅里面，我听了双方的叙述。

报警的业主张先生，50 多岁，是某研究所的研究人员，用一口“川普”愤愤地对我说：“哪有他们这样的，我们家用什么品牌的材料封阳台都要管，他们非让我们用指定品牌的塑钢，我们用‘海螺’的就不行，否则就不让货车进小区。警察同志，您给评评理。”

物业一方是一个人高马大的中年人，我问他："你是物业经理吗?"他说："不是，我是物业主管。"我说："你把你们经理叫来，我要同他谈谈。"他说："物业经理今天休息，有什么事情我可以转达。"我说："你可以解决吗?"他说："我解决不了的，可以转达。"我说："好，你过来一趟。"

为了更好地沟通，我把这个主管叫到了另外一间办公室，让他坐下后，我问他："装修使用什么品牌的塑钢都需要你们管，你们这么做的依据是什么呢?"他说："这个是我们经理决定的，依据什么我也不知道。"我说："你现在给你们经理打电话，我问问他。"

主管电话打了过去，但没有打通。然后告诉我经理关机了。

我说："你们经理躲得了初一躲得了十五吗?你转告他，再有这样的报警，就会让他天天来派出所'上班'。"

我继续说："物业公司是给业主服务的，业主交物业费，你们给业主提供优质服务。和睦相处，和谐共赢，你们是互相依附关系。物业不是专政机关，不是强加在业主头上的霸王，你们要是服务不好，业主联合起来也可以把你们换掉，这个已经有先例了，你们不明白吗?"

他看着我，没有说话。

我说："在这个地方居住的居民不少是各领域的精英人才，都是懂法律的。我们民警执法都要做到依法、公平、公正、透明，你们物业也是如此，没有依据地胡来，能够给业主提供好的服务吗?你们拿到了物业经营权，想要长久地干下去，就不要惹是生非。"

他考虑了一下说："好吧,我回去转告经理，您说得很有道理。"

我说："再转告你们经理，如果再有类似的报警，就请他来派出所具体解释一下，他的这个决定，依据是什么?”

主管说：“一定转达到。”

这时，报警的张先生找到我说，运货的汽车还在小区门口，希望我们快一点解决。

主管告诉我回到小区就让他们进去。

【马后炮】

城市化的发展催生了很多产业，健全完善相关法律肯定需要一个过程，同时也要求民警执法更要有水平、有能力。希望尽快制定和完善相关法律，让我们执法有法可依。

目前，公安机关管辖的范围趋于无限，应该尽快界定公共管理部门的分工管辖，让警察将主要精力放在打击犯罪上，维护社会秩序。

61 美容院的消费纠纷

在中关村某大厦八层里面有一家美容院，由于不是门脸房，商家派人在大厦楼下路边儿给过往的路人发放免费一个小时体验面部美容的小广告来拉生意。一些人被这些“免费”体验的小广告吸引，决定到楼上美容院去体验。

开始美容的头20分钟，美容师的确还算认真地按步骤给客人做面部美容，可是做到后面的时候，也不与客人商量，就往客人脸上抹一种药膏，然后告诉客人，这个药膏不是免费的，要交 80 元钱。这时候，客人还坐在美容椅上，脸上涂着药膏身上穿着美容院的工作服，进退不得，只能任人宰割，让美容师继续给自己做完美容。

美容完毕后，客人必须交 80 元才可以离开。可是，这些客人都是冲着免费体验而来的，对这种强迫美容的方法心存怨气，最后纷纷拨打“110”报警，投诉美容院。这样的报警天天都会发生，甚至有时候一天会有多次报警。

民警通常是到美容院了解情况后，给双方调解一下。有时候，美容院会选择退一点儿钱；有时候，却蛮横不讲理，拒不退钱，双方不欢而散。民警也没有好办法去彻底解决这个矛盾。

这种报警的确给我们的工作增添了不少工作量。

我认真思考了一下，认为美容院是这个矛盾的导火索、制造者，而且这种强迫消费的销售方式的确让人不舒服，报警人心里自然会有疙瘩。

这天我值班，下午又有这家美容院的报警，我让出警的民警务必把美容院老板请来，我来解决这个矛盾。

过了半个小时左右，民警把美容院的女老板请到了派出所。这个中年女老板一口北方口音，穿戴很洋气也很讲究，看上去是一个很干练的人。

我在值班室开始同她正面交锋，她开始表现得很无辜的样子。

我对她说：“中关村有几千家公司，为什么只有你的美容院每天都有这么多起报警，你给解释一下？”她无奈地说：“我也不知道，就是一些人贪小便宜吧？”我说：“你这属于强迫消费，你是不是觉得没有人管理你了，就可以无法无天了呀？”她愣了一下，我继续说："你经营过程中的每一个细节我都了解，我接待过几十个因为你们美容院而报警的当事人，难道都是因为她们贪小便宜？你就一点儿责任都没有？"

女老板无言以对了。

我说："你这样经营必定会制造矛盾，这里发生这么多起报警，你就是导火索！"她看着我，低下了头。

我说："如果你继续这样经营下去，我们会让大厦的物业终止你的租房合同，还会派人到你的美容院门口，告知每一个来你店里的客人你是怎么骗人消费的。"她惊恐地看着我。

我接着说："我又想了一个办法，就是每个到你店里做免费美容的客人，你们在给他们涂药膏之前，第一，要告知；第二，要人家先签字，让人家明明白白地消费，你看好不好？"

她思考了一下说："可以。"

我最后告诉她："祝你生意兴隆，但若再出现之前的报警，给我们增添这么多麻烦，我们会想办法制裁你的。"女老板悻悻地走了。

后来，这家美容院至今再也没有发生过这类报警了。

【马后炮】

找到矛盾的焦点，有针对性地做工作，从根源解决问题是解决多起同类矛盾的关键，也是对群众负责任的表现。

这件事本应该由工商部门来管辖，警方不应该介入。可是，这家美容院已经发生了太多起类似的报警，给警方增加了不少工作量，只好由警方先来处理了。

62 赔偿五千元合理吗？

深秋的一天傍晚，一辆褐色本田雅阁汽车停在了中关村医院南侧路边儿，司机打开车门，没有看到旁边高速驶来的电动车。骑电动车的是一位中年女士，她的车速比较快，而且司机开门太突然，导致她没反应过来一下子撞到了车门上，摔倒在刚刚下过雨还湿滑的地上，造成多处摔伤。

司机下车后把女士扶了起来，女士气坏了，司机也被她吓了一跳，两个人开始互相指责，争吵了起来，随后司机打“122”报了警。交警过了几分钟就赶到了现场，让司机把驾驶本和行驶本拿出来，也要了女士的身份证。最后裁定是司机的全部责任，并给双方开出了裁定书，让司机带女士去看病。

双方来到了旁边的中关村医院，女士把在附近打工的妹妹叫来了，陪同她一起在医院里面检查了一番，内科、外科……检查结果都没有大碍。女士认为还需要做核磁共振、脑电图等，可医院下班了，只好第二天再来继续检查。

第二天下午，司机又陪同她们继续检查了两个多小时，医生最终告诉女士，只是身体多处软组织擦伤，没有其他后果。医生给女士开了三天的病假条及一些药品，司机为女士垫付了各种费用共1000多元，因为他给汽车上了全险，肯定能够在保险公司报销。

可是，女士竟然要5000元赔偿金，其中包括误工费、营养费以及修理电动车的费用，就连衣服摔破了也要求赔偿。司机当然不干了，双方争吵不断，最终女士打“110”报了警，警车把双方带回了派出所。

在派出所大厅里面，我把姐妹两人叫到了一边儿，问她们干吗要5000元赔偿，依据是什么呢。受伤的女士说：“我怕司机跑了，以后要是找不到他了怎么办?”我告诉她：“交警已经裁定了责任，司机的行驶本和驾驶本上都有司机的真实身份信息，他跑不了的，明白吧?”姐妹两个互相看了看，点点头。

她们告诉我，要求赔偿5000元，是包括误工费还有营养费；电动车摔坏了，需要修理一下；衣服摔破了，也需要再买；还有打工的单位已经因为她受伤请假而将其开除了等损失。

我说：“这件事是司机的全部责任，可是解决问题应该用合情合理、合法的方式，要求赔偿5000元，依我个人看还是高了。赔偿要在合理的范畴。你们双方如果诉讼到法院，法院会支持你索赔，但不合理的要求必然也不会予以支持。你们两个商量一下吧。”

我又到另外一个房间同司机沟通了一下，他倒是通情达理，也同意除了保险公司可以赔偿的费用外，再赔偿女士1000元，希望早日解决这件事。我告诉司机，我已经同她们沟通了一番，做了一些思想工作。

我让双方在派出所大厅里面协商解决方案。过了15分钟，双方协商好了，司机赔偿了她们1500元，两人在出警本上签字后便离开了。

【马后炮】

派出所民警的工作很烦杂，管辖范围之外的事情，我们可以管，也可以不管，这些问题我们可以告知报警人到某某部门解决，也就是推出去，不予解决。可是我的职业尊严要求我，要用自己的能力尽最大努力去化解一些矛盾，让群众能够尽早解决问题。

63 打横幅讨薪的小伙子

6月的一天中午11点钟，我们接到分局的直接布警，称在中关村某大厦门前，有人打横幅讨薪，具体情况请我们到现场甄别。

打横幅上访事件近年来比较多，影响比较大，这也是历来出警工作的重点。

我们很快到了现场，在大厦一层的水果店门口，看见了这个身高一米八左右，年龄30多岁，身穿休闲服装的小伙子。他一个人用双手拉开一个长约2米，宽约50厘米的红色横幅，横幅上面不规则地写着五个字：还我血汗钱。

我下车迎面走近这个小伙子，不解地看着他，也没有着急说话。他见警察来了，便不好意思地把横幅折好收了起来。

我问他："怎么回事呀？"

他说："我以前在楼上这个宾馆上班，负责销售，今年春节前辞职了，可是他们还差我5000多元提成没有付给我，我跟他们要了几次了，他们老总找了各种理由，就是不给我，我也是无奈之下才想起来这个办法的。"

我告诉他说："讨要工资有很多途径，包括仲裁、诉讼、协商等，这样打横幅讨薪属于扰乱社会秩序，是要承担责任的，看你的情节和后果严重与否，民警可以对你进行行政拘留或者刑事拘留。”

小伙子愣愣地看着我，然后说：“我也是没办法，我现在没有工作，我家是外地的，我在北京要租房、要吃饭、要生活、要养孩子，也请您理解一下。”

我问他：“你说宾馆欠你钱，有什么证据吗?”

他说：“我在去年 3 月，给宾馆拉来了一个大旅行团，在这里住了 20 多天，消费了几十万元，按照宾馆的规定，我有百分之二的提成，就是 5000 多元。这个是事实，他们也承认。我辞职的时候跟他们要，他们说得等到今年春节前给我。可是现在也没有给我。我这里有复印件，有宾馆老总同意支付给我的签字。”

他从随身的背包里拿出来一个文件袋，从里面掏出几页纸，递给了我。我接过来看了看，这的确是有效的凭证，但这家宾馆是否认可是问题的关键。

我说：“你先上我们的警车，我到这个宾馆了解一下情况，看看是否可以帮助你解决问题。”

小伙子很配合，随着我们民警上了警车。

我来到了楼上这家条件不错的宾馆，见到了精明能干的中年女经理。在她的办公室里，我向她讲述了事情的来龙去脉，她也承认却有此事，说是因为各种事情耽误了，所以一直没有给小伙子结账。

我说：“这个小伙子刚才打横幅讨薪。我们接到了报警，现在我们把他带回派出所，麻烦您一会儿也去一趟派出所，我们一起协商解决问题的办法。钱又不多，他又有凭证，希望您尽快把问题解决了。”女经理爽快地答应了，说处理一下手头事情，10 分钟之后就去派出所。

我们开着警车回到了派出所。在大厅里面等了一会儿，女经理带着助手拿着账本也来了。最后问题完美解决了。

【马后炮】

现在不少人都会采取不正当的方式和手段来维权，比如爬塔吊、到高层楼跳楼威胁、拿汽油桶威胁等。民警需要加强与人沟通的能力，提高谈判技巧，先把问题解决好，然后对相关肇事人予以相应的处罚，不能够让这样的维权方式蔓延。警察的职责和任务之一就是维护社会秩序，采取合情、合理、合法的方式解决问题，帮助群众排忧解难。我每次面对群众真诚的道谢，都感觉很有成就感。

64 执法就要公平公正

一个穿着时尚的新手女司机开着一辆红色奥迪 A4 新车，在中关村京东商城门口停车，停车管理员指挥她在两辆车中间的车位停车，车位前面是一辆大货车，后面是一辆小轿车，中间的空间足够大。女司机驾车倒进车位，结果因为驾驶技术不过关，车的右前部蹭到了大货车左后部位的三角铁，把大货车蹭掉了一点儿漆皮，更可怕的是，自己奥迪车的右大灯碎了，女司机便迁怒于停车管理员，报警要求民警来主持公道。

我到了现场之后，看见了两辆车的损伤情况，也听了双方的叙述，50 岁左右的停车管理员无辜地对我说："我指挥她倒车，可是她开车不熟练，倒车速度太快才蹭到了前面的大货车，她非要我赔她修车的钱，您说有这个道理吗?"

我问他："你刚才在什么位置指挥她倒车的?"他说："我站在她的车后面。"我听明白了。

这时候，大货车司机回来了，他看了看他的车，又看了看我们，明白过来发生了什么事情。

我问他："你的车需要修理吗?"他笑了笑说："我的车是旧车，三角铁没事不用修。"然后，转身上车开走了。

我思考了一下，停车管理员只是宏观上指挥倒车，具体操作还是司机的事情，发生事故肯定是司机的责任，与指挥者无关，没有一个停车管理员指挥停车是想发生事故的。

我对女司机说："这件事责任肯定在你。因为停车是你操作，而不是指挥者操作，举个例子，老师讲课讲得好，可是学生考试没有考好，能够怪老师吗?再有，你看你停车的位置这么大，一般司机不用指挥，自己就可以熟练地停进去。而且，这个路边车位流动量非常大，我还没有见过停车发生事故的，你是第一个。停车管理员一般只是告诉你哪个车位可以停车，但没有义务帮助你停车。"

她胡搅蛮缠地说："我是负主要责任，可是他指挥不当，也应该负一定的次要责任，我快要蹭到了的时候，他干吗不让我停下来?"

我说："他站在你车的后面，你撞的是车的右前面，他当然看不见了。这件事你可以咨询一下律师，以及你认识的所有人，问问是你的责任还是人家的责任?"

她突然问我："你是不是认识这个停车管理员，还是说你认识他们老板?”

我乐了，说：“我不认识他们，我只是一个处置这件事的民警。如果你认为我处置得不公道，咱们可以找地方讲理。你不要只站在你自己的角度看问题，如果站在公正公平的角度，你会有不同的看法。”

她苦笑了一下，从她复杂的表情看，她还是感觉自己很委屈。

这时候，一辆黑色奥迪车停下来，车上下来一位男士，走到了女士的身边儿。我问：“您是她老公吗?”男士点点头，我说：“您过来一下。”

我把他叫到了一边儿，耐心地对他说：“你爱人有点想不开，需要你做做她工作，她停车不熟练，撞了车却怪人家停车管理员，这样是没有道理的。”他看着我，笑着点点头，然后对我说：“您不用管了，我做她的工作。”

最后，我让她在我们出警本上签字后，就离开了。

【马后炮】

民警工作时会遇到形形色色的人和事，有时我们会觉得工作比法官判案还要难，法官可以多次开庭，收集证据，认定证据，而民警需要在现场迅速做出判断，主持公道，讲出道理，处理问题。对于一些人，正面解释不通的时候，可以从侧面做工作，可能会收到意想不到的效果。

65 谁有理？

骄阳似火的一天下午4点多钟，气温在38度左右，我们接到在中关村大街黄庄路口一位332路公交车司机的报警，内容是交通纠纷，说他被一个出租车司机打伤了。具体情况不明，我们要到现场甄别，看看发生了什么。

我们很快到了现场，在远处看见一辆公交车停在主路西侧最外道上，车上空荡荡的，只有一位女售票员。一辆出租车紧挨着公交车斜停在它前面。我一看就明白了，两辆车发生了追尾事故。

我近距离看了看两辆车的损伤情况，其实撞击得并不严重，只是轻微剐蹭，公交车的右侧与出租车的左侧车头挨在了一起，应该是出租车从辅路进主路，没有避让主路行驶的公交车而发生了事故。

两个司机还在吵吵嚷嚷地争论，穿着黄色上衣的黑黑胖胖的出租车司机说："我知道，大公共的气刹车特别灵，你要是刹车急一点儿，能有这件事吗？你就是欠抽。我开了十几年出租了，没有出过事，我进主路，你离我多远，我不知道吗？"旁边儿捂着脸，瘦瘦小小的公交车司机争辩道："车上还有不少人呢，我要是刹车太急，人们摔伤了、出了事怪我咋办呢？明明是你进主路太急，你就是不讲理！"然后转身指着脸，对我说："您看他给我打的，都肿了！"

我听明白了，问他们："打'122'交警电话了吗？"两个人都告诉我："打了。"这时候，一个年轻的交警骑着摩托车来到了现场，他走到了两辆车前面看了看，又问了问两个司机，然后掏出责任裁定书，在出租车后备厢上写完了递给两个司机，然后说："这个事故就是出租车负全部责任，依据就是：辅路车应该让主路车优先行驶，避免抢道。修车的事情你们自己商量吧。"然后告诉我："我那边还有一个报警，我得赶快走。"说完急匆匆地骑上摩托车走远了。

双方动手打架的事情，按工作程序和管辖范围，归由派出所进一步处置。

我对他们说："把你们两个的驾驶本、行驶本和身份证先给我，我要核对登记，事情处理完了，再还给你们。还有，打架的事情你们简单说明一下。"

我看了看两人的身份证，公交车司机姓陈，今年48岁，北京人；出租车司机姓梁，是某出租车公司的，是远郊区县的农民。

公交车司机老陈对我说："发生事故后我停下车，知道事故不大，本来想商量一下修车的事情，可是我刚下车，他过来就骂我，我还没有说完话，他就打了我两巴掌。"

我转身问出租车司机："是这么回事吗?"他气呼呼地说："差不多吧。"我对老陈说："你感觉怎么样？是否需要去医院看看?"他说："是想去医院看病。"我说："你们两个先同我回派出所进一步处理，看病也需要派出所开就医证明。"

公交车公司派人到现场将公交车开走维修去了，我让老陈上了我们的警车，让出租车司机开着出租车，一同到派出所，进一步处置。

到了派出所，我们给老陈开了就诊证明让他先去海淀医院看病，我把出租车司机送到了派出所办公区，做临时羁押。

现在我最关心的问题是：这件事是否可以避免？公交车司机究竟能不能够刹住车呢？我又同出租车司机老梁交流了一下，他肯定地告诉我："公交车司机肯定能够刹得住车，只是他犯坏，我这回让他给坑了，有苦说不出啊！"

这到底是不是事实呢？只有老陈心里清楚了。

过了两个小时，公交车司机老陈看病回来了，没有大碍。

最后，我拉过出租车司机老梁，耐心地告诉他："我也是老司机，开了很多年的汽车，开车原则就是要顺序通过，你理应让主路的车先行，自己再进主路行驶，不要指望人家礼让你。如果因为你的强行驶入，公交车司机急刹了车，导致车上的乘客摔倒受伤，那样你是不是也要承担责任？再有，你认为它的气刹车很灵敏，可你亲自开过吗？你知道人家公交车的真实情况吗？"

他没有反驳我。

我继续对他说："出了事故之后你还不冷静，迁怒于对方，打人出气，你想到了后果吗？"他低下了头。

我最后说："咱们讲道理，让你心服口服，不是以势压人，你说，我说得对吗？"

他诚恳地说："您说得对，是我太冲动了，我赔偿他的损失。"

最后，经过民警的调解，双方达成了一致，由出租车司机赔偿老陈1000元各项费用，双方和解。

【马后炮】

社会秩序是需要大家共同遵守和维护的。人们参与社会生活，就要自觉遵守公共秩序，只有这样，我们才能营造一个秩序井然的和谐社会环境，而我们警察，就是社会秩序的维护者和保卫者。

66 送餐公司的打工仔

一天中午，我们接到一个在电子大厦地下室的送餐公司的一个小伙子的报警，内容是劳务纠纷。

我们赶到了电子大厦，见到了报警人——一个20岁左右，瘦高身材的小伙子。我上前问他发生了什么事情。他用略带家乡口音的普通话告诉我，他在这家送餐公司工作了五天，现在老板把他开除了，只给了他200元钱。他说应该付给他1500元，也就是半个月的工资。

我问他："你们之间有签劳务合同吗？为什么工作五天就不干了？"

他说："没有签合同，老板看不上我，把我开除了。"

我说："你是不是试用期没有通过？"

他支支吾吾地说自己也不知道，就是觉得给200元少了。

我问他："你的学历是什么？"

他不好意思地说："就是初中毕业。"

我心里有数了，问："公司的老板在吗？"他说在里面。我告诉他："我先去了解一下情况，然后再找你。"

我让我的同事与辅警和他一起在大厦外面等着我，我走进了大厦地下室，转来转去，才在一个拐角找到了送餐公司的办公室，见到了50多岁的张老板，聊了几句。张老板是典型的北京爷们儿，光头，胖胖的身材，戴着金链子。我问他："刚才外面的小伙子报警了，清楚是怎么回事吗？”

他说这个小伙子是他的一个朋友介绍来的，他答应先试用一周看看小伙子是不是适合这里的工作，工作内容就是干杂活，答应的工资是管吃管住，每个月 3000 元。小伙子也答应了，结果他干了三天，眼里没有活儿，而且也吃不了苦，偷奸耍滑，大伙都反感他。所以我给了他 200 元钱告诉他可以走了，把他开除了。但是这两天他还住在这里赖着不走，今天上午没有人理他，他收拾好东西走了，没想到他还报了警。

张老板又说：“他这样的孩子，就是吃不了苦又想很容易地挣钱，期望天上能够掉馅饼，哪里有这样的好事了！您帮我劝劝他让他滚蛋，我再给他 100 元，让他不要烦我就行了。”

我听明白了，知道事情不大。我笑了笑对他说：“您跟我一起出来吧，我们跟他谈谈。”我们走出了大厦，见到了小伙子，他可能也是自觉理亏，看见张老板还挺不好意思，没有了刚才的蛮横劲儿。张老板当着我的面拿出 100 元钱，递给小伙子说：“我再给你 100 元，我希望不要再看见你了，再看见你，小心我揍你。”小伙子点点头接过了钱。张老板对我们说：“麻烦你们了。”转身就回去了。

我对小伙子说：“行了吧？走吧，既想挣钱又不想吃苦，哪有这样的好事，你好自为之吧。”

小伙子还不满意地说：“给的也太少了，你们就不能给我多要点了？”我说：“这个结果已经很好了，知足吧！要不然，你去打官司？”他摇摇头。我说：“你连合同都没签，又没给人家干多少天，人家凭什么给你那么多钱？”

我继续对他说："想挣钱，又不想付出劳动，天下哪里有这样的好事？你文化水平不高，又不吃苦耐劳，不要说娶媳妇儿，就是养活自己都不可能，你好好想想是不是这么回事？"

他喃喃地没有说话，我说："你父母把你养这么大，未来的路怎么走，你要自己去选择。不踏踏实实地干活儿、做老实人、干老实事，总想投机取巧、不劳而获，社会上哪里都不会容忍你的。"他点点头，然后离开了。

【马后炮】

总有一些这样的年轻人，没有多少文化，又不想吃苦，还想挣大钱，想通过投机取巧而发财致富，不劳而获，过上好生活，但哪里会有这样的好事？这样的人根本没法在社会上立足。

我以前工作的派出所雇用过一个干杂活儿的小伙子，他吃苦耐劳，认认真真地干活儿，大家都很喜欢他，也都认可他，当然，他对领导的后勤工作做得也很到位。两年后他结婚时，很多民警给他捧场凑份子。后来，所长介绍他去一家公司开车了，现在生活得很不错。

前不久，我在汽配城也认识了一个勤快的小伙子，有一技之长，主要负责换汽车的三滤和简单维修，干活儿非常熟练，效率高，收费合理，生意非常兴隆。

这些年轻的外地务工人员之所以能够在社会上立足，过上好的生活，就是因为他们能够吃苦耐劳，踏踏实实地工作，与这个报警人形成了鲜明的对比。

‖ 各种求助 ‖

67 斗智斗勇与一念之差

初秋的一日清晨8点多钟，秋高气爽，大学生小吴打出租车到某大学门口下车，匆忙中将他的苹果手机遗忘在了出租车上，等发现手机不见了的时候，出租车早已开走很久了，而且他也没有要发票，车牌号也不知道。

小吴非常懊悔，马上去附近的移动营业厅把通话记录打了出来，发现他手机最后一通电话是打给一部8910开头的座机，通话时间为6分58秒，但这个电话并不是自己打的。他又回到大学门口，在下车的地方报了警，称手机被盗求助民警。

民警很快到了现场，了解情况后，将小吴带回了派出所，进一步处理问题。

我在派出所值班室接待了他。在了解了事情发生的经过后，我对他说："你刚才报警称手机被盗，我们也了解了整个情况，但你的手机不是被盗，而是遗失，捡拾手机的人属于不当得利，就是得到了不应该得到的利益，如果数额巨大，可以按盗窃来处罚，你能听明白吗？"

小吴说："我明白。"

我说："你遗失手机后报了警，我会帮你想办法解决的，请你配合我的工作，回忆一下你下车的地方有监控探头吗？我可以想办法调取监控录像，看能不能看清出租车的车牌号码。"

小吴说："我看了，没有监控。"

我思考了一下，目前唯一的线索就是该手机打出的最后这通电话了。我仔细地分析了小吴遗失手机后可能发生的情况，捡拾手机者可能是出租车司机，也可能是后来搭乘该出租的第一个乘客，也可能是第二个乘客。从小吴手机拨出的陌生座机号码看，8910开头的是北京远郊区县的电话，从目前出租车司机从业人员构成来看，住在远郊区县的司机较多。下一步，必须弄清这个座机号码和捡拾手机者之间的关系。

我对他说："你可以打一下这个电话，看看有没有可能找到线索。"

小吴说："我不成，您给我想想办法吧，手机能找回来最好，找不回来我就认倒霉了。上午我还有课，我得回学校上课去了，手机的事情拜托您了。我相信您，给您留一个我同学的电话，有消息了通知我。"小吴说完就匆忙地离开派出所回学校了。

我的确有点犯难，手上的座机号码是目前唯一的线索，但民警在工作中的介入程度和说话尺度都要特别注意，毕竟这是处理一起遗失物品的报警。半个小时后，10点30分，我拿起值班室的座机电话拨通了8910开头的这个号码，没有人接，我又连续拨打了两次，都没有接通。

对于这个座机电话，我考虑了一下有三种可能：家里电话、公共电话、单位电话。

当天晚上21点左右，我又拨打了一次那个座机号码，一位男士接了电话。

我说："你好！请问是家里的电话吗？"

陌生男子说："是呀！"

我问："您家里有开出租车的吗？"

陌生男子说：“有呀，我就是。”

“您今天上午 8 点多钟，接了一个电话吧？”

“……您是哪里？”

我之前考虑过，认为可以“打开天窗说亮话”。我说：“我是中关村派出所民警老李，您今天上午接了一个电话吧？通话时长有 6 分多钟，您应该记得吧？”

陌生男子顿了一下，说：“我想想，您有什么事？”

我说：“咱们就痛快点儿说吧，今天早上 8 点多钟，有一辆出租车拉了一个客人，客人将手机落在他车上了，结果有人用这个手机给您家座机打了一个电话，通话时长 6 分 58 秒，我想打电话的人一定和您家人非常熟悉。不然，不会通话这么长时间，我分析他可能是一时糊涂，希望他明天上午把手机还回来。”

陌生男子没有说话。

我继续说：“丢失手机的乘客报警了，通过他提供的手机通话记录，我们得到了您家的电话号码，也希望能通过您联系到捡拾手机的人。如果对方不配合，我们就需要扩大工作范围，因为遗失手机的人肯定对司机有印象，这个司机肯定就是你身边的人，如果我们逐个排查，相信也能寻找到他的，但那时候事情的发展就会有变化，影响也不好，所以请您配合我们好好做做对方的工作，好不好？”

“好吧，我想一想！”说着，陌生男子就挂断了电话。

第二天早上 6 点钟，有人来派出所值班室敲门，来者正是头天晚上同我通电话的陌生男子，我热情地接待了他。陌生男子带着小吴的手机，还拿了两盒红塔山烟，一个劲儿地说自己一时糊涂。我笑了笑，告诉陌生男子还回手机就没事了，烟必须拿回去。

其实，这么早就赶来派出所就能反映出他对这件事的态度，陌生男子道谢后就离开了。

早上8点，我通知小吴来派出所领回手机。没多会儿，小吴就来了，非常高兴，一个劲儿地问我是怎么把手机要回来的。

我说："能要回手机是我的方法得当，也是斗智斗勇的结果，通过这件事，必须提醒你，今后再出门一定要看好随身携带的物品，下一次再遗失，可能就没有这么幸运能找回财物了。"

他一再道谢，希望同我交个朋友，我愉快地答应了。他又说，想给我送表扬信和锦旗。我说，一件小事而已，就没有必要了。

【马后炮】

这起警情虽然是一件小事，但是要想解决问题，首先要有一颗为人民服务的责任心。其次要从蛛丝马迹中找到线索，分析到位，掌握对方心理活动。这些经验与我几年的刑警生涯以及身为老公安的父亲的言传身教有很大关系，正所谓"门里出身，自会三分"。最后就是给那部座机打的那通电话，一个克制的、积极的、有效的沟通，是解决问题的关键，说话的内容和分量拿捏得当，才能有最后完美的结果。

68 个人利益服从集体利益

夏天的一个周末，早上7点左右，我们接到辖区内某小区的一个报警，称有人施工扰民，要求民警马上到现场解决。

我马上拨打了报警人的电话询问详情。一个小伙子接了电话，听声音像是北京人，年纪不大。小伙子说："我家楼下施工声音非常大，影响我休息，希望民警赶紧去制止一下。"我耐心地询问小伙子具体住在几号楼，小伙子特别不客气地说："我没有必要告诉你，你们赶紧到施工现场让他们停工就行了！"

按照有警必出的工作要求，我们很快赶到了芙蓉里小区，在小区门口的路边儿，我看见了十几辆装满了沥青的大型货车，还有一些大型机器。

沥青已经铺了一部分，我们能够闻到很浓重的沥青味道，施工现场一片繁忙，声音很大。

我找到了施工负责人了解详情，正好居委会主任也在施工现场。施工负责人对我解释道："我们有施工许可证，而且我们也反复考虑了，只有在这个时间段施工，对小区居民的影响最小，对于目前制造出来的噪声，我们也实在没有办法，但我们施工也就需要一个小时左右，铺沥青的关键是一气呵成，否则施工质量就不合格了，麻烦您理解一下。而且居委会前几天也贴出来施工通知了，大部分居民都知道，也表示了理解。"

我了解到详情之后，赶紧打电话把情况告诉给了报警的小伙子，小伙子表示很不理解。我耐心地说："你可以下楼来看看，他们有施工许可证，居委会在前些日子也贴出来告示了。施工需要一个小时左右，麻烦你忍耐一下吧。"但是小伙子还是不依不饶地指责民警的工作不认真、不到位，还要投诉我们。

我跟小伙子说："投诉是你的权利，他们如果停工要损失几十万块钱，你担得起这个损失吗？你的个人利益应该服从集体利益，人家铺沥青是为了使大家出行更方便、更舒适，也是为了改善小区的硬件条件，这其中肯定也关乎你自己的切身利益。”对于我的这番解释，小伙子还是不理解。

我继续做他的工作：“那我们现在过去找你，当面给你解释好不好？我们警察的工作肯定要做到位，咱们叫来几家邻居在一起说说门口铺路施工的事情，你也听听大家怎么说，好不好？”

小伙子连忙说：“你们就不必来了！”我还想说话，没想到他马上就把手机挂了，还关了机，联系不上了，估计他也感觉到自己理亏。

【马后炮】

派出所民警在实际工作中会遇到形形色色的人，有些人蛮横不讲理，我们就要调整心态，耐心劝说；同时，解释相关问题要公平合理，有理有据，要相信绝大多数群众都能理解！投诉是报警人的权利，可是我们处置得当，根本就不怕投诉，而且还欢迎群众监督。

69 纸里包不住火

2014 年夏季的一天中午 12 点半，我们接到辖区内一大厦里某留学公司的报警，称与顾客发生了纠纷，请民警前来解决问题。我们迅速赶到了现场。刚刚走出电梯，来到这家公司门口，就听见公司里面传来激烈的争吵声。

走进办公室，我们看见一个40多岁的中年男人在大声地斥责一个中年妇女。两人见民警来了，都停止了争吵立刻站了起来。

我问："是谁报的警？"

中年妇女说："是我，我是公司的部门经理。"

我对中年妇女说："您先出去等我一会儿，我了解一下情况。"中年妇女转身出去后，我让中年男人坐下来，让他叙述一下事情的来龙去脉。

原来，中年男人的女儿在这家公司做了三个月的出国留学申请。后来双方发生了一些矛盾，经协商后，双方同意取消代理关系。随后，中年男人自己办理了女儿出国留学的手续，经过两个多月的时间，申请终于下来了，可是密码等内容被这家留学公司扣留了。中年男人自己没有办法继续办理下去了，就来到该公司理论。可是这家公司就是不承认，而且告知中年男人之前办理留学申请的老师已经联系不上了，不予解决相关问题。

我问中年男人："你怎么知道密码被扣留了？"中年男人告诉我："我已经与不少专业人员进行了咨询，才知道该公司肯定是设置了障碍，扣留了密码，而且还知道就是这里曾经办理留学手续的两个老师做的手脚，不然他们为何不敢来见我，更不敢来给我解释清楚？"

我听明白了情况，对这名中年男人说："您先等等，我去找公司的经理来协商怎样解决这件事情。"

我走出办公室找到了报警的部门经理，问她相关情况是否属实。中年妇女说："我也不是很清楚，那两名办理留学手续的老师现在已经联系不上了，没有办法解决问题。”

我对中年妇女说：“两名办理留学手续的老师是您公司的员工吧？您说联系不上，我认为不太可能。您说的话是真的假的，我们都心知肚明，我们警察不是没有分辨能力的。如果您真的联系不上，那么警察会采取侦查手段，肯定会找到这两个老师的，早晚都会了解到事情的真相。跟您实话实说，两个老师这样躲出去是没有任何意义的。您看您是想自己解决这个问题，还是需要我们介入？如果让媒体予以曝光一下，我相信会给你们公司造成不小的负面影响，您考虑一下吧！”

我又强调说：“现在通信这么方便，人人都有手机，联系不上，而且是两个人都联系不上，这样可能吗？谁会相信呢？”

说完，我就盯着这位中年妇女。她迟疑了一会儿说：“您不用管了，我们自己解决问题吧。”

最后，我和部门经理走进了办公室，告诉中年男人她们会配合解决问题。他表示了感谢，然后同部门经理在出警本上签字后，我们很快离开了公司。

【马后炮】

民警处理问题时要透过现象看本质，不能让一些人蒙混过关。对方到底说的是不是真话、是不是经不起推敲论证是可以分析判断出来的。

70 走失的小女孩

初夏的一天下午 3 点多钟，我们接到在中关村图书城北口的一个报警，内容是有人发现一个走失的小女孩。我们车组立刻赶到了现场。

我在一家商铺门口看见了报警人和小女孩，报警人是一个 20 多岁年轻漂亮的姑娘。她说自己今天购物时路过这里，发现一个 3 岁左右的小女孩在这里独自玩耍，四周都没有看见她的家长。她陪这个小女孩玩了快半个小时，也没有家长找来。现在自己有事要离开，于是就报警了。我登记了这个善良姑娘的身份信息，并对她表示感谢后，让她离开了。

我蹲下身，看了看这个小女孩，模样很可爱，就是衣服穿得不是很合身，也不是很干净，头发梳得不讲究，推断她的家庭环境和生活条件一般，或者是家长比较忙，没有时间精心呵护。

我问小姑娘知不知道爸爸妈妈在哪里、父母是做什么工作的、家住哪里。小姑娘虽然话说得很清楚，但就是说不出重点。我问了能想到的所有问题，都没有结果，最后只知道她年龄是 3 岁左右。

我的同事老刘把她抱上警车，我们准备先开车回到派出所，再继续寻找孩子的家长。

走之前，我想到她的家长可能会来这里寻找，于是我又下了警车，到附近的十几家商铺里告知里面的工作人员：如果有家长找孩子，告诉他们派出所捡了一个 3 岁左右的小女孩，让他们来派出所认领。

然后我们返回了派出所，将小女孩交给了所里值班的女民警照顾。值班民警继续寻找线索，希望能尽快联系到小女孩的家人。

下午 5 点多钟，我们出警回来时，在派出所门口正好撞见小女孩的父母领着她走出来。

听他们一说才知道，原来小女孩的父母是在附近小区做小买卖的，下午他们一不留神，小女孩跑出去了。他们找了半天，终于在图书城门口的一家商铺里，得知一个走失小女孩被民警带到派出所了，夫妻俩才急匆匆地赶到派出所接回了孩子。

【马后炮】

如果我没有将小女孩在派出所的信息一家一家地告诉附近商铺，肯定会增加家长寻找孩子的难度。民警工作时一定要认真细致，时刻秉承对群众负责的工作态度，从点滴小事做起，努力为人民群众排忧解难。

71 “挪车费”100元

一天下午 3 点多钟，我们接到一个求助报警，称在中关村某大厦门口，一个人的轿车被堵在路边儿开不出来了，她又急着去学校接孩子，希望民警予以帮助。

我们到了现场一看，一位穿戴讲究的中年女士在轿车前踌躇，她之前停的轿车被两辆车夹在了中间，空当非常小，自己开不出来。女事主焦急地冲我说："您帮帮忙，我实在开不出来了，谢谢您了，我急着去接孩子！"

我笑着对她说："您真相信我们的车技！"

她也笑着说："那当然了！"

我向一同出警的同事老范问道："您来试试看？"老范在轿车的前后左右看了看说："我没有把握啊！"

我上前仔细观察了一下前后车的距离，又看了看左右空当，30年驾龄的我自认为把车开出来没问题。于是拿过她的汽车钥匙，上车、调座椅、调反光镜，然后启动车子，揉了几把轮子，三下五除二就将车子开了出来。

女事主非常高兴，一个劲儿地道谢。我开玩笑地说："'挪车费'100元。"她一听，赶紧掏出钱包就要拿钱。

我倒是被吓了一跳，赶紧说："您赶快接孩子吧，我这是开玩笑呢，您听不出来呀？"她也乐了，再次道谢后，满面笑容地上车离开了。

看着她远去的车子，我也很高兴，也很有成就感。为群众排忧解难是我们工作的一部分，每次帮助群众解决了问题，我都有点儿"赠人玫瑰，手有余香"的感觉。

【马后炮】

派出所民警个个都是多面手，办案、调解样样精通，甚至连高难度挪车也不在话下，为群众排忧解难是我们的工作职责。对一些可以管也可以不管的事情，我们还是应该尽量予以帮助，让群众满意。幽默的沟通方式也是让我们工作快乐起来的"秘诀"，同时也有利于增进警民关系。

72 这就是老赖

开春的一个周末，早上8点半，在芙蓉里小区里，一个中年人找到了欠他钱的人家，觉得其家里有人，但怎么敲门都没有反应，于是报了警，称因欠款纠纷，请民警来予以处置。

我们很快到了现场，在一栋居民楼下见到了报警人，还有几个围观的群众。报警人何先生是北京人，个子不高，50岁左右头发就都白了，身边站着他18岁的儿子。

听过事主的叙述，我们了解了事情经过。原来，住在这里15层的一家住户是报警人何先生的小学和中学同学崔某，两个人是邻居又是发小儿，知根知底。以前交往比较多，感情一直都不错，但2000年以后来往就不多了。三年前，崔某找到家住西三旗的他说做生意资金周转不开，借走了5万元钱，答应利息为3千元，条件是半年之内还清。

可是半年过去了，崔某并没有还钱。何先生的孩子今年要上大学，但是自己下岗了，生活不富裕，遂多次找到崔某，希望他尽快把钱还了。可是崔某就是要无赖地拖着，说自己离婚了，光棍一条，就是没有钱，一分钱也不还。一年前，何先生一气之下把崔某告到法院，法院判决已经下来了，裁定崔某还钱，可是至今何先生也没有拿到崔某还的一分钱。现在崔某手机关机，彻底联系不上了。

报警人何先生知道这个小区今天换水表，他估计崔某家里肯定会有人，就来到他家找他。刚才在楼上敲门，他感觉屋里有人，可就是没有人开门，何先生怕崔某跑了就打电话报了警。

我问："你看见他们家有人了吗?"

何先生回答："没看见。"

我说："我陪你再上去一次，看看他们家是否有人。"

我们几个人坐电梯上楼来到崔某家，在防盗门前敲了一会儿，里面一点儿动静也没有。敲门的声音把崔某的一位邻居惊动了，他出来看见我们，走过来跟我们说，他总能陆陆续续看到一些人来这里敲门，找崔某要钱，但是一直没有看见崔某。

我只好把何先生叫到楼道，同他耐心地解释应该如何解决他的问题。

看着愁眉不展的何先生，我耐心地说："你凭自己的力量这么找他，太难了，法院有判决书，也就是执行依据，法院的执行局会有一系列措施来执行判决，比如通过银行查到欠款人的资金往来，将其列入失信人名单，禁止高消费、不得坐飞机和乘坐高铁等；查到其房产，可以变卖还款，逼迫其出面解决问题。我们警方是不负责解决这类纠纷的，这个不在我们的工作范围内。你得去法院申请强制执行，这是解决这个问题的正确途径。"

何先生点点头说："我听明白了，谢谢您。"然后无奈地对我说："这年头，真是好人不好当了，我们这么好的关系他都可以骗我。我真不理解他这样东躲西藏的日子什么时候是个头，我的钱要等到猴年马月才能要回来呀……"他摇摇头，带着儿子离开了。

【马后炮】

现在的社会已经出现信任危机，能够把积蓄借给朋友完全是出于信任，莫要辜负了这份情谊啊！处理欠款纠纷并不在民警的工作范围内，我们也只能够给欠款纠纷的当事人提供一些咨询，告知其应该采取的最有效的措施。

73 酒后醉倒街头，害人害己

开春的一天晚上9点多钟，正值乍暖还寒的时节，我们接到在某大学西南门马路边一个过路人的报警，称现场有人倒地不起，可能是喝多了，该人在地上一动不动，很有可能就是睡着了。

在赶去现场的路上，我通过电话联系了报警人，报警人说，自己就是一个过路人，向警方反映一下情况，与地上的人没有任何关系，自己有事就先离开了。

我们到了现场，在昏暗的路灯下面见到了这个躺在地上的人。我俯身用手电筒照了照他，看他年龄约30多岁，穿着一件深色羽绒服，头发凌乱，满身酒味，身边儿还有呕吐物。我叫了他几声，他没有反应，依然呼呼大睡。我向围观的几个群众问道："有人知道他是怎么倒地的吗?"围观群众都说没有看见，然后陆续转身离开了。

我抬头观察了一下，但并没有在这附近发现监控探头。

我只好无奈地翻了翻倒地人的衣兜儿，好在翻出一部脏兮兮的华为旧手机。我打开他手机的最近通话记录，从上到下一个接一个地拨打出去，结果有的关机，有的不接，最终用了半个多小时，打了20多个电话，终于拨通了一个姓张的人的电话，才很巧合地了解到事情的真相。

原来这个倒在地上的人是一家保险公司的业务员杨某，张某是他的部门经理，今天晚上单位开年会，之后会餐时又在一起喝了酒，分开的时候，没有发现杨某有什么异常，就各自回家了，没有想到他醉成了这样。

我说："希望你来一趟帮个忙，把他送回家，或者告诉我他家人的电话。"

张某说："他家住外地，还没结婚，就在大兴区租了个房子，我住在昌平天通苑，来的话也得 1 个多小时呢。"

我说："没事儿，你还是赶紧来吧，我等着你，不然很难解决了，希望你来帮助一下。"

张某最后还是答应了我的请求。

过了 10 分钟，我看见倒地的人慢悠悠地坐了起来，可能是躺在冰冷的地上很不舒服。开春的晚上的确很冷，我们也陪他在寒风里待了很久。

我赶快过去问他："身体怎么样？需要叫救护车吗？"

他摇摇头说："不用了。"

我从警车里拿了一瓶矿泉水递给他。他连喝了几口，呆坐在地上愣了 10 多分钟，才晃晃悠悠地站了起来。

我说："你们领导马上到了，他陪你回家。"

杨某含含糊糊地说："不需要了，我自己可以回家。"

我说："你们经理在来这儿的路上，你告诉他一声，别让他白跑一趟。"

杨某赶紧拿起电话给经理张某拨了过去，转过身体背着我，大概是说："您别来了，我没事儿，可以回家了。"

杨某走近我说，希望我们把他送回大兴的家里。我明确地告诉他，我们的警车是不出我们管辖的地界的，拒绝了他。

他无奈地噘起了嘴，然后踉踉跄跄走了几步，看来酒劲儿还是没有完全过去。我怕他再次摔倒，赶快过去扶住他，并问："你确定不需要你的领导来接你？"他点点头，又喝了几口水，看上去清醒了几分。过了几分钟，我感觉他没有太大的问题了，可以自己回家了。最后，我帮助杨某打了一辆出租车，我们也返回了派出所。

整个过程我都用执法记录仪记录了下来，这个工作程序非常关键。我曾经设想，如果这个人离开我们之后出现了问题，我们通过查看执法记录仪提供的现场视频资料就可以说清楚责任，这能有效防止恶意投诉、不实投诉。

【马后炮】

年终岁末聚餐活动多，饮酒还需有节制，真希望这类事情少发生，不然就是害人害己。对醉酒的人现场处置要审时度势，具体情况具体分析，尽职尽责。使用执法记录仪既是监督民警执法的过程，也是维护民警合法权益的保障。

74 执法就要"以人为本"

在中关村鼎好大厦下面，通往地铁四号线中关村站的地下通道两侧墙壁上，设置了不少大型广告牌，在灯箱的照射下十分明亮。

灯箱的尺寸高 2 米多、宽 3 米左右，一个挨一个地挂在墙壁上。

谁知天有不测风云，这天晚上 10 点多钟了，一个小伙子同他的女朋友路过这里，正好有块广告牌掉了下来，将小伙子头部砸破了，鲜血直流。幸亏小伙子反应及时，在广告牌掉下来的一瞬间往旁边跳了一下，否则后果不堪设想，几百公斤的广告牌，肯定会危及性命。

接到报警后，我们很快到了现场。首先看到了捂着头部、坐在地上的小伙子和他的女朋友，小伙子的血已经从头上流到了衣服上，两人旁边还站着两个穿着工作制服的大厦安保部的工作人员。

我径直走到小伙子女朋友的面前，问："打'120'了吗?"

她告诉我："打了有 10 分钟了，还没有到。"

我赶紧问坐在地上的小伙子："自己能够起来吗?"他抬头看看我，然后点点头说："可以。"

我接着说："你上我们警车吧！我们送你去医院。快！你现在需要及时救治！"

小伙子听后勉强地站了起来，我们同他女朋友一起搀扶着他，艰难地从地下通道走到了地面，坐上了我们的警车。我开车带着相关的几个人一起，不到五分钟就把伤者送到了海淀医院急诊室。

分秒必争，急人所难。

之后，广告牌的责任人与小伙子双方进入民事赔偿程序，解决了问题。这件事如果无法协商解决，就只能通过法律途径解决了。

【马后炮】

我们赶到现场后，第一时间迅速作出判断，采取了正确的措施。按照工作程序，完全可以等救护车过来带当事人看病。可是为了尽快减少当事人的痛苦，我们选择用警车送当事人去医院，分秒必争，急人所难。这都是因为我们有一颗为群众着想的心，以人为本是我们工作的宗旨。

《中华人民共和国民法通则》第126条规定：“建筑物或者其他设施以及建筑物上的搁置物、悬挂物发生倒塌、脱落、坠落造成他人损害的，它的所有人或者管理人应当承担民事责任，但能够证明自己没有过错的除外。”天有不测风云，遇见大风天气，大家要注意保护好自己，在路面行走时要小心挂在楼上的广告牌、空调室外机、大树的树枝等掉落。

75 姑娘不怕

在海淀桥的北侧，有一个商住两用的大厦，里面有很多大大小小的公司。在该大厦16层做电脑批发的公司老板养了一条金毛犬，常从公司里跑出来在电梯间溜达。

这天，金毛犬又跑到了电梯间，正好一位到这里办事的漂亮姑娘从电梯里面出来，金毛犬看见她就追了过去。看见大狗朝自己扑来，姑娘吓得赶紧从楼梯间跑了，总觉得狗差点咬住她，吓得哇哇大叫，马上报了警。

我们接警后迅速赶往大厦，在18层找到了她。姑娘还惊魂未定地流着眼泪，同我哭诉着刚才的经过。说完又愤怒地说：“我一定要找狗的主人，这事儿没完！”

我看姑娘吓坏了，先安慰了她一会儿，让同事在这里陪她，自己先去了解一下情况。

我找到了狗主人的这家公司，公司里面的人员忙忙碌碌的，屋里是一排排的电脑和堆积如山的文件。我找到了公司的负责人，是一位40多岁的浙江人，老板一再解释这个金毛犬不咬人，而且性格特别温顺。

我说：“我也知道它很温顺，但不是所有人都知道这点呀，这个差点被咬的姑娘肯定就不了解嘛！”

我告诉这个老板，第一，要上楼同刚才报警的姑娘道歉，因为的确把她吓坏了；第二，按照北京市养犬管理规定，这楼里不允许养这么大的狗，身高只能小于35厘米，所以得尽快把它放到别处去；第三，这次就是警告处罚，下次就要按照规定予以一万元罚款了，并且没收犬。

老板同意了，他随我一起上楼，找到了报警的姑娘，姑娘这个时候的情绪稳定多了。老板同姑娘道了歉，姑娘原谅了他，并对我们的处置方式表示了感谢。

【马后炮】

随着生活水平的提高，养狗的人越来越多了，随之也带来不少麻烦。因为养狗而发生纠纷的警情有很多，有被咬的、被吓着的，还有碰瓷儿的等。民警在工作中要与时俱进，不断学习和更新知识，若再遇到类似事件，民警就需要掌握养犬的相关法律知识，以便更好地处理相关警情。

76 纵然同情但爱莫能助

2016年开春的一天下午3点多钟，我们接到中关村某大厦里一个餐厅的报警，一位女士称发生了家庭纠纷，希望民警来解决。

我们赶到餐厅时已经是休息时间了，大厅里空空荡荡的。在一个餐桌边上，一位个子不高的女士满脸愁容，怀里抱着一个2岁左右的小孩儿。我听了她的叙述，了解了事情的来龙去脉。

原来，这名只有23岁的湖南女子3年前在朝阳区一个餐厅打工时，结识了这个餐厅40多岁离了婚的四川籍厨师长，两个人很快恋爱了。虽然厨师长以前有过一次婚姻，在老家还有两个小孩，但女子还是与厨师长结婚了。可是女子怀孕后反应很厉害，只得回老家保胎去，两人两地分居了2年多，最近她发现她老公又跟别人好上了，不光不给她邮寄生活费，还不接电话了。

今天女子抱孩子来到餐厅，就是想找她老公评评理，结果她老公发现她来了之后竟然躲了起来，手机也关机了，根本联系不上。所以只能报警，希望民警帮助她，解决问题。

我只得耐心地同她解释，第一，如果她老公再婚了，或者以夫妻名义同居了，就是犯了重婚罪，可以收集证据后起诉他，法院按自诉案件是可以直接受理的。第二，民警是不受理这类违反道德的事情的，因为他没有触犯法律的行为，所以希望她理解。

女子点点头，表示理解。我又找到餐厅的女经理，让她转告这位厨师长，这样躲起来也不是办法，问题总归需要解决，孩子已经出生，他就有抚养的义务，给付抚养费是当父亲的职责和义务。女经理表示一定转告他。

虽然很同情这位女子，但这件事我们只能帮到这儿了。

【马后炮】

家家都有本难念的经，家庭矛盾最难处理。家是讲“爱”的地方，不是讲“理”的地方，所以需要双方互相理解与忍让才能家庭和睦。而作为调解人的民警，需要掌握许多法律知识、生活常识以及一些社会知识甚至心理知识，以更好地给群众解释相关法律问题。

77 吓人的箱子

一天下午 3 点多钟，中关村西区派出所接到某大厦安保部的一个报警，说在大厦东门发现了一个可疑的箱子，怕里面装有危险物品，请民警前去处置一下。

我们到了现场后，看到了这个可疑的、中等大小的紫色拉杆箱，离箱子五六米远处聚集了很多围观的人。

我问报警的大厦保安部经理：“有什么可疑的情况吗？”

经理紧张地回答：“这个箱子放在这里 3 个小时了，一直没有人来拿。”

“发现箱子有什么异常吗？”

“没有。”

我又问了一下监控探头是否能看到这里的情况。保安经理表示这个位置比较偏僻，看过监控没发现是谁放的拉杆箱。

我思考了一下，为了调查拉杆箱的可疑性，我大胆地走过去，俯下身靠近箱子仔细聆听，没听见异常声音，我又把箱子拎起来，它非常轻，感觉就是空箱子。最后，我把它轻轻放平，小心翼翼地打开了它，里面是空的！原来，这是被人丢弃的空箱子，虚惊一场。我又把箱子里里外外仔细翻了一遍，也没有发现可疑物品。

在处置过程中，如果我发现一丝可疑情况，就会迅速上报，由相关部门派人来勘察现场；同时，也会和同事一起拉起警戒线，疏散群众，用警车上的防爆毯将可疑物品盖住。还好这个“可疑”拉杆箱事件只是虚惊一场。

我看了一眼站在不远处长舒一口气的保安经理，把他叫了过来，调侃了一句：“大老爷们儿可不能胆子这么小呀！”保安经理不好意思地笑了。

【马后炮】

民警在处置涉及危险物品的案件时，需要胆大心细，先找有专业知识和经验的人员进行初步鉴别，不要盲目上报，否则会浪费大量的人力、物力、财力。在全民反恐、防恐的时代，人民群众不但需要有发现可疑人员和可疑物品的敏锐性，更需要具备在特殊情况下自救的能力。民警在出警时一般很难预测情况的危险程度，在日常演练的基础上，一定要了解和掌握对危险物品的处置程序和步骤。

78 机智劝说跳河女子

某年初夏的一天下午 4 点多钟，我们接到分局勤务指挥处下达的一个处警指令，称在北四环火器营桥下昆运河边上有一女子要跳河，让我们迅速到现场甄别情况。

我们立刻赶到事发地，由于警情发生的地点在几个派出所管辖区域的交界处，我们便将警车停在桥的东边儿，下车在自己派出所的管辖区域仔细看了看，没有发现跳河女子。这时要按照工作步骤，完全可以电台回复分局“现场没有看见跳河女子”，完成这次出警任务。

但人命关天，我们还是秉持着负责严谨的态度，又开车转到了桥的西边儿，再次查看。远远的就看见桥下昆玉河的石头栏杆上坐着一个年轻女子，身下便是湍急的河水，非常危险。

我们三个人赶快下了警车，走向这名女子，又怕惊到她，便在离她有四五米时停住了脚步。

我们三个人配合得非常默契：我在女子背面，辅警在侧面位置打开执法记录仪对现场情况进行录像，我的搭档民警老顾站在女子正面，将女子的详细位置用电台报告分局勤务指挥处，并告知该地点不属于我们车组管辖区，在属地派出所同事赶来之前，请示将如何先期处置。

这时候，我仔细观察了一下这名女子：20 多岁、短头发，穿着一身蓝白条纹的病号服，左手包着厚厚的绷带吊在胸前，右手扶着左手，看情况应该坐了很长时间了。我觉得她不是真心想跳河，更多是希望引起重视，此时她的内心一定在作激烈的斗争吧！

我观察了一下，昆运河的河道宽度大约有七八十米，水流很湍急，时常还有通往颐和园和紫竹院公园的载客游船开过，两岸都是汉白玉石头围起来的垂直栏杆，水很深。要是有人跳河，肯定很难救上来，因为从两岸根本爬不上去。

我掏出手机，从她背面拍摄了几张现场照片留作证据，女子的注意力一直在使用电台通报情况的民警老顾身上。

我知道，看到民警后，当事人内心肯定会有较大的波动，跳河的可能性比较大，民警处置这类问题就是要及时和稳妥。

我更明白，就是让分局的特警来处置，也会把保障这位女子的生命安全放在第一位，不会眼睁睁地看着她跳下河去。

我趁女子不备，紧跑了几步，猛地蹿到了她的身边，两手穿过她的腋下抱住了她。她惊讶了一下，反应过来后身体开始往下坠，应该是想跳河。我猛地将她抱起来，“扔”回了地上。完成整个动作后，累得我直喘粗气。

我对着坐在地上的女子严肃地说：“坐在河边护栏上有多危险你知道吗？”

看女子低着头坐在地上没有说话，我又放缓了语气问她：“你是干什么的？受伤的手是怎么回事？”

她慢吞吞地说出了具体情况。我们才明白，她是在北京动物园服装批发市场搞服装批发的，来北京一年多了，最近和男朋友分手了，心里郁闷想不开，昨天割了腕，被送到了医院做了手术，今天又想不开了，想跳河自杀。

我对她说："父母养你这么大，肯定不容易，你要是有个三长两短，父母怎么承受得住呢？感情问题只能靠你自己想开了，但怎么能遇见一点儿挫折就想走极端呢，世界这么大，肯定还有好男人等着与你相遇呢。"

她点点头，没有说话。

随后我们带女子上了警车，把她送到属地派出所，与他们做好交接后才离开。

在回单位的路上，我思考了很多，设想，如果这个女人在我们的面前跳河了，我们该如果去救？一是可以把警车上的救生圈扔给她，让她自救；二是我们跳河救人，可是，老顾告诉我他不会游泳，肯定不能贸然下水救人。我会游泳，并且也会毫不犹豫地下水救人，可是的确没有救生员的水平，万一……想到这儿，我出了一身冷汗。处理这类事件，要果断、稳妥，讲求策略，以免事态失控，造成不可挽回的损失。

【马后炮】

出警要机智勇敢、讲策略，车组搭档之间的配合非常重要，很多时候只能通过眼神来交流，只有搭档间配合默契、把握时机、行动果断，处置才能够事半功倍。出警中遇见这类问题时目前还没有一个具体的处置规范。我认为，从粗线条执法到规范性执法，还有很长一段路要走，我们的工作任重而道远。

79 没收假币的出租车司机

某年秋天的一天中午，也是回族开斋节，我们接到在某餐厅门口的报警，说是有一个出租车司机被打了，请民警去处置一下。

我们开着警车很快到达了现场，围观的人不少，我们停好车后，分开围观的群众，看见一个出租车司机捂着头部站在那儿，三个餐厅的厨师穿着工作服在一边儿，指指点点地骂他。我走过去双手做了一个制止手势，对他们说："你们不要吵了，跟我说说怎么回事。"

一个胖胖的戴眼镜的中年人走过来对我说："我刚才打他的车去我的餐厅，到了后一共收取10元钱，我从兜里掏出一张10块递给他，他告诉我是假的，我又给他第二张，他收起来了。我说，你把刚才那第一张给我，他说假币他没收了，不给我，我说，我这里没有假钱，你没有权利没收，他就是不听，我求他也不行，我们就打起来了。"

我转身问年轻的出租车司机，是这么回事吗？

他委屈地说："差不多吧。"

我看围观的人还是没有散去，这事儿也不适宜现场解决，而且这里离派出所也不远，便对他们说："你们几个坐警车回派出所，我坐出租车也回派出所，我们一会儿到了所里继续解决这件事。"

5分钟后，我回到派出所，胖老板和三个厨师在派出所大厅里面坐着。

我把出租车司机带到了值班室，问他到底是怎么回事，具体发生了什么矛盾。他说，就跟刚才胖老板说的差不多，可是刚才那三个厨师打了他几个耳光。

我听了双方叙述，明白是怎么回事了。

我对出租车司机说："你需要去医院检查一下你的伤吗？"

他摇摇头说："不用。"

我说："你有什么权利没收假币？我们警察都没有这个权利，谁告诉你可以没收假币了？"

他喃喃的，没有说话。

我说："只有银行有权利没收假币，你知道吗？"

他点点头。

我说："而且，银行还需要开没收证明。你知道吗？"

他说："不知道。"

我说："你们出租公司培训的时候，告诉你可以没收假币了？"

他说："没有。"

我继续对他说："你虽然挨打了，但你是矛盾的导火索，你看这样吧，他们打了你，所以我让他们赔偿你 100 元，你继续拉活儿，怎么样？"

他说："好吧，我听您的。"

我转身回到了派出所大厅，对胖老板说："这件事，你可以报警，我帮助你要回来钱，可是，你们不能揍他呀？"

胖经理说："开始，我求他把钱给我，可是，这个小子不给，就是欠揍。"

我说："这样吧，今天是开斋节，你也别同他怄气了，因为你们把他打了，所以赔偿 100 元，意思意思，然后就去忙吧，行不行?”

胖老板爽快地答应了。

我让他们在出警本上签字，然后胖老板拿出 100 元给了出租车司机，还恶狠狠地对他说：“小子，不要让我遇见你，下次遇见你还会揍你。”然后转身带着三个厨师走了。

出租车司机看着我，苦笑了一下，对我道谢后离开了。

这个处置过程只有 10 分钟左右。

【马后炮】

面对各类简单的纠纷时要讲求工作效率，不能拖泥带水。解决问题，就是要说话到位，切中要害，让当事人心服口服。根据首接负责制度的要求，接案以后，自己要负责到底，手里的案件如果不能快速解决，就会堆积如山。所以工作需要找到规律，这样才能事半功倍。

80 八万元的故事

2008 年秋天的一天上午 10 点多钟，四个研究生通过房屋中介公司租到了中关村某小区的一个两居室。四个人拿到钥匙后，到房间里面收拾东西。屋里还有不少房主留下的不值钱的老家具。其中两个年轻人在搬开床垫的时候，看到了不可思议的一幕——八万现金整齐地码放在一起。四个年轻人惊呆了，不知该如何是好，经过商议后，决定报警。

当天值班的民警立刻赶到了现场，把四名研究生和八万块现金带回了派出所。回来之后，我们大家分析了一下，第一，钱应该不是房屋中介的，因为他们不可能把钱放在这里；第二，钱是房主的可能性比较大。

我们通过四个研究生找到了房屋中介，将他们请到了派出所，问他们是否曾发现房屋里面有什么异常？他们说并没有发现异常。他们这样一说，更加说明他们肯定不是钱的主人。我们通过房屋中介了解到，一个月前房屋的主人到美国定居了，把房子交给他们代管了，四个研究生是第一个租这个房子的，更加说明了钱应该就是房主的。

通过房屋中介，我们联系到了房主，房主确认应该是其年迈的老父亲放在床垫下面的，最后我们将钱完璧归赵。

第二天，《新京报》刊登了这件拾金不昧的好事。

【马后炮】

工作中民警经常会遇见拾金不昧的好人，甄别失主也是我们的工作内容之一。确定一件事情要有凭有据，分析出同此有关的人和事，并做出合情合理的解释，以及收集好相关的证据。就能够分清谁是真正的失主。警方的睿智是可以信赖的。

81 被遗弃的婴儿

初冬的一天下午 6 点多钟，夜幕降临，我在派出所值班室值班，接到一名群众的报警，称在某某小区一单元门口的地上发现了一个小布包，里面有一个婴儿。情况紧急，我们不敢怠慢，马上派民警到现场看看具体是什么情况。

我们派出所的高警官和另外一位民警很快到了现场，看见了那个布包，将报警人以及布包里面的婴儿带回了派出所。

听说捡到了一个婴儿，派出所值班室里面顿时热闹起来。我们小心翼翼地打开了红色的小布包，看见了里面手舞足蹈的可爱婴儿，戴着黄色全棉的小帽子，露出嫩嫩的脸庞，是个男婴。从婴儿的穿着来看，衣物面料质量很好，柔软又保暖，全身搭配比较讲究，细心地照顾到了方方面面，说明孩子的父母还是很喜欢他的。我们翻了翻孩子的所有物品，没有发现纸条之类的附有文字的东西，以及其他可以找到其家长的线索。

这时候，婴儿哭了起来，旁边的几位女同事连忙讨论起来应该怎么办。最后说婴儿肯定是饿了，其中一位同事跑着去食堂，盛出来一小碗温度适中的米汤，给婴儿喂了几口，孩子顿时不哭了。

大家争着看孩子，对这位“不速之客”都很喜欢。

我们找报警人询问了一下情况。这位 50 多岁的大姐说她就住在发现婴儿附近的楼里，她没有发现其他可疑情况，更没有看见是谁将婴儿遗弃在这里的。

我们只好去看看那个位置的监控录像来查找线索了。我们派人去了现场，看到那里没有监控。

线索中断了。

无奈之际，我给民政局打电话，询问他们应该如何处置。他们告诉我，要先带孩子去指定医院进行体检。然后看看是否能够找到遗弃孩子的父母。如果实在找不到他们，民政局会安排有关福利院抚养起来。

我突然回想起1980年的4月，我刚刚参加公安工作在紫竹院派出所实习的时候。一天，在紫竹院儿童乐园发现了一个弃婴。后经检查，孩子是脑积水，最后被送去了福利院。这次，我有预感，这个弃婴很可能也是身体有毛病。

高警官等人带着孩子去了民政局指定的一个医院。

高警官跟我们说，一到医院医生一看到这个婴儿，就说这个孩子患有脑积水。这样的孩子，长得有许多共同特点，他们天天接触，很有经验。

后经检查，的确印证了医生的判断，孩子只好留在了医院，由民政局负责安排，最终被福利院抚养了。

现在，我们只有祝愿这个孩子平安地长大了。

【马后炮】

民警的工作内容五花八门，事事都要处置得当。弃婴的事情虽然不常见了，但要妥善处理好，需要和多方面机构配合。民政部门负责执行完善的社会福利制度，但抛弃婴儿的家长应受到社会上多方面的谴责，不仅给社会增加了负担，同时也违背了人性。

82 一万元购买了五块水果糖

初秋的一天早上8点多钟，我刚刚吃完早餐，在派出所值班室接班，准备开始新一天的工作，这时，突然接到了一个“大活儿”。

一位女士打“110”报警，说她6岁的女儿被骗了一万元，内容蹊跷。我让巡逻的民警将报警人接到了派出所，详细地了解情况。

过了10分钟左右，巡逻车将这位戴眼镜的中年女士接了过来。我在值班室接待了这位焦虑、急躁的母亲。

原来，她的女儿今年6岁，上小学一年级，把家里抽屉里面的一万元现金拿了出来，到楼下小卖部用一万元买了几颗糖。事情过了三天了，这位母亲才发现钱不见了，追问之下，女儿承认了是自己这样花出去的。

今天早上，她思考了一下，认为还是应该报警请警方帮助，挽回自己的损失。

我听明白了，问了她几个问题。第一，是否有证据，证明女儿在小卖部花出去了一万元钱。她告诉我，没有。第二，如果小卖部收钱人死不承认怎么办？她很通情达理地说，只要警方全力以赴，要不回来钱，她也表示理解和感谢。

遇见这样明白的当事人，我感到很欣慰，能够理解我们的工作，知道警察也不是万能的。这类问题重要的是要有证据。

我同值班的所长和警长汇报了工作，并商量了一下，只有把小卖部的人请到派出所，才能够解开谜团。

我们又派巡逻车去了小卖部，先了解一下情况。小卖部是夫妻两个人经营，老公是老板，上午出去进货去了，没有在。

下午 4 点多钟，中年女士带着刚刚下课的女儿到了派出所，在值班室里面，慈爱的妈妈搂着她，小女孩清澈的眼神，让我记忆深刻，我们让值班民警给小女孩记了笔录，更加详细地了解了情况。小女孩说，就是小卖部的老板收的钱。

这样，该做的工作都做完了，下一步就是要与小卖部老板正面交锋了。

下午 5 点多钟，我们把小卖部老板请到了派出所，他 40 多岁，个子不高，偏瘦，从表面能看出来这个人肯定遭受了不少生活的磨难。

值班警长把他带到了审讯室，礼貌地请他坐下来。然后问他对这件事情有没有印象。不出所料，他比较镇定地回答没有这件事。这件事距发生已经过了三天了，他也当然知道我们没有证据证明这件事。

我们没有急躁，继续与之周旋。

我们的策略就是一个字“磨”，需要不断地施压。

我告诉他小孩子不会说瞎话。如果你的孩子这样做了，你是不是也很心疼呢？肯定也想把钱要回来吧。社会上是讲公平的。

他的表情和语气不断地出现变化，从开始的不承认，到渐渐松口说，因为比较忙，记不清楚了，想不起来了。

我们也感觉到了他内心的矛盾，若是死扛也可能就过去了，因为没有证据，可是心里也不太落忍，毕竟这个钱不是正大光明得到的，属于不义之财。

我们依旧以礼待人，渴了就给他水喝，想上厕所就让他去，并且耐心地告诉他：“好好想想，肯定是有这么回事，你可能过于忙碌，记不太清楚了。”主要是让他有恻隐之心，良心发现。

当然，这件事的确不能过火，否则欲速而不达。

经过反反复复、耐心细致、苦口婆心的讲解和劝说，终于在6个小时后，老板慢慢地说：“我能不能先还给她4000元？”

我们赶快问他：“为什么先还4000元呢？”

他说：“剩下的6000元进货用了？”

他终于承认了有这件事，让我们大松了一口气。

最后，老板还是取来了一万元，还给了报警的中年女士，我们也如释重负。

为了群众，我们尽职尽责地办了一件好事，看见中年女士高兴的样子，就是对我们最大的褒奖。

【马后炮】

报警人的求助类报警，也分简单的和困难的，这件事就是难度系数最高的。民警要多靠智斗来解决问题，避免激化矛盾。人民给予了我们信任，我们就要以无私奉献来维护我们的职业尊严。

83 那是商业秘密吗?

方圆43平方公里的海淀区是“三多”地区，一是大学和科研单位多；二是军事单位多；三是公园多，颐和园、圆明园、紫竹院、香山、北京植物园、玉渊潭等，都在海淀。

清华大学经管学院和北京大学的光华管理学院是培养MBA（工商管理硕士）和EMBA（高级管理人员工商管理硕士）的机构，也是打造中国企业决策的思想智库与精神家园。不菲的培训费，仍然有一些人趋之若鹜。我好久没有明白，这些人听什么课程要这么高的天价，老师有什么真经，能够吸引这么多人，乐此不疲地来这里培训。

后来，我与不少业内人士沟通才了解到，这些课程是各类能人志士互通有无的平台，也是不少人心中一条可以通往人生巅峰的捷径，所以才有这么大的吸引力。

天价的培训费也催生了不少相关产业，如在海淀区成府路就成立了不少专门为经管学院招生的公司。

其中某培训公司招聘了一个懂计算机的小伙子，女老板答应他试用期为三个月，每月工资6000元，转正后签劳务合同，每月工资12000元。

小伙子兢兢业业地工作了三个月，准备签合同的时候，女老板却认为他不合格，给他发了第三个月工资后便辞退了他。他一气之下，将自己工作时负责的学员报名的文字资料拿走了，给女老板下一步工作制造了一定的障碍。

小伙子手机关机了，女老板采取多种途径和方法也联系不上他。她认为这些资料是商业秘密，所以打电话报了警，希望民警给追回来，挽回自己的损失。

我们出警的民警把女老板接回了派出所，值班警长接待了她，然后转给了我，因为，那些资料是否属于商业秘密，女老板也不确定。

我仔细查阅了，相关资料：商业秘密（Trade Secrets），是指不为公众所知悉、能为权利人带来经济利益，具有实用性并经权利人采取保密措施的技术信息和经营信息。商业秘密是企业的财产权利，它关乎企业的竞争力，对企业的发展至关重要，有的甚至直接影响到企业的生存。

我仔细地询问了这位女老板，被带走的资料都是什么内容、一共有多少，以及具体如何取得的，等等。最终，了解到被拿走的资料只是上百人报名的花名册，根本够不上侵害其公司的商业秘密。

最后，我向女老板解释了一下构成商业秘密的要件以及具体的内容。而这个小伙子的行为不构成商业秘密的立案标准，希望她予以理解。

最后她也认为这件事立案很牵强，对我们的工作表示了理解和感谢后便离开了。

【马后炮】

在新形势下，我们肯定会遇见一些新问题、新情况，尤其是一些以往工作中接触不多的案事件。这就需要我们基层民警不断地学习，与时俱进。如果出现了我们把握不准的问题，可以请示相关法制部门予以指导。也可以请示检察院、法院以及律师予以解答。

84 噪声引起的矛盾

2015 年 6 月 6 日晚上 9 点多钟，我们接到中关村丹棱街一幢高层楼里 12 层的一位住户的报警，说他们的孩子明天高考，楼下有一个货运公司总是发出噪声，影响孩子休息，希望民警能来处置一下。

我们到了现场，在高层楼楼下看到几间离着很近的平房，其中一间便是这个货运公司。平房外面，有一辆小型货车停在这里，旁边有两个装卸工正在装货，不断发出“咣咣”的噪声，声音虽不是很大，可在夜间就听着比较刺耳。白天噪声超过 55 分贝或夜间超过 45 分贝，我们可以予以处罚。可是我们关于噪声扰民的执法没有先例，我们更没有相关的检测仪器。而且，每年高考对产生噪声的工地、施工车辆等都是由城管部门管理和予以处罚。

我走上前对干活儿的工人说：“先停下来，别干了，你们这里谁是负责人?”

两个工人放下手里的货物，其中一人走进平房，过了一会儿，随他走过来一个 40 多岁的个子不高的中年人。他不解地看着我，我心平气和地对他说：“明天就是高考了，你们这样装卸货会发出很大声音，肯定不行，这两天晚上就别干了，好吧?”

他听明白了，连忙对我说：“好好，我们不干了，本来也快干完了。”

然后，他指挥两个装卸工，把最后两件货物装好，然后把货车开走了。

中年人对我客气地说：“您到我们屋里歇会儿吧？”

我说：“不了，你们不知道明天高考吗？”

他不好意思地说：“一忙给忘了。我们干活儿也不拉晚，最晚也就是这个时间。我们同这里的住户相处得挺好的，没发生过矛盾。”

我说：“那好，这两天就不要在晚上8点以后干活儿了，要不邻居就有意见了。要是叫来了城管，可能会处罚你们的。”

他说：“一定一定，您放心吧。”

我们转身准备离开了。

这时，从对面楼道里吵吵嚷嚷地出来一个戴着眼镜，胡子拉碴，胖胖的，穿着一件白色背心，趿拉着拖鞋，手里拿着一个1米左右长的粗木棍的男士，旁边儿还有一个女士边说着话边拦着他。男士骂骂咧咧怒气冲冲地下了台阶，然后指着中年人指责地说：“有你们这样的吗？你们没有孩子吗？你们不知道高考的重要性吗？”

看他一下来就将矛头直指货运公司负责人，我想，这应该就是报警人了。

货运公司的负责人很有礼貌地对他说：“我们都不干了，您消消气，您早下楼跟我们说，我们也就早不干了，也不用麻烦警察同志过来了，我们也不是不通情达理呀！”

报警人余气未消，继续对中年人说：“你们就是欺负人，就是欠揍。”说着右手拿起木棍敲了一下地面。

这一下，把中年人也惹火了。

中年人说：“你拿木棒干吗呀，你打我一下试试？我们都停工了，你还没完没了了？”

报警人也无话可说了，便冲着我说：“你们警察也是，这种事干吗不早点管？干吗不处罚他们？”

我对他说：“早点我们知道这里有噪声吗？你报了警，我们才知道。再有，我们处罚是要有证据的，一说人家就停工了，你有必要大动肝火吗？”

报警人不说话了。

我继续说：“我也经历过自己的孩子参加高考，其实，家长们往往比孩子更容易紧张。孩子的知识都是靠平时积累的。在这种最后阶段，孩子们对自己的水平其实是有底的，家长们要做的，就是用自己良好的状态来影响孩子。所以，你今天晚上只管给孩子当好后勤，没有必要在其他事情上发火。你要是刚才动手打了人，我们还要按照《治安管理处罚法》对你进行处罚。你应该知道你现在最应该做什么吧？”

他媳妇儿忙在一边拉着他说：“赶快回家吧。”

我说：“给孩子准备好东西，让孩子放松一下，休息好，明天发挥出色，才是你应该做的，快回去吧。”

报警人无话可说了，却还是不情不愿地和媳妇儿上了楼。

货运公司的中年人把我们送出来。

我们也很快离开了。

【马后炮】

民警的工作就是这样琐碎。还要像这个案例一样教育当事人，合情合理地处置问题。基层民警要善于与人沟通。有些人容易急躁、喜欢虚张声势，要了解他们的个性特点，因势利导，化解矛盾。

85 楼上漏水了

2015 年初夏的一天早上 7 点多钟，我们接到海淀南路 44 号楼的一位老先生的报警，老人说他居住的老旧小区楼上漏水了，因为找不到楼上的房主和物业公司，便只好求助民警，希望能够解决一下漏水的问题。

我们很费劲地找到了这栋孤零零的八层住宅楼，它的 1 层是高大繁华的门面房，从西边的楼梯上去才是这栋楼的单元门。左拐右拐地在满布着电线的楼道里穿行，我们终于找到了位于 3 层的老先生的房间。

敲开门，一位穿着睡衣，70 多岁，满头白发的高个子老先生把我们引进了家里。一个年轻的女人也穿着睡衣在沙发上坐着。老先生说这是他的女儿。我们礼貌地同她点了点头。

我观察了一下这个小三居，发现屋里比较凌乱，墙皮脱落了不少，家里设施简陋、陈旧，能看出生活条件不是很好。

老先生把我领进了卫生间，指着上面的一个墙角让我看。从墙角顺着水管往下漏水，还有客厅的一个角落也有洇水。

他对我说："这个小区是原来的海淀供销社分配的公租房，没有物业公司。这里原来的住户大部分都搬走了，突出的屋子大部分被出售和出租了。我们楼上就是被出租了，住了不少人，每天都吵吵嚷嚷的。这个楼的隔音效果也特别差。"

我说："您认识楼上的房主吗？"

他告诉我："不认识。"

我说："我们可以帮助您同楼上的住房沟通，或者联系相关部门帮助您解决问题。我们民警可是不会修理漏水的，因为专业的事情，就要请专业的人员来解决。"

老先生说："这个我知道，你可以上楼上看看吗？我带着你们上去。"

我说："可以。"

我们几个人又穿过放着不少杂物的楼道，左拐右拐地穿行，幸亏有老先生领着我们找到了楼上的这个房间。

敲开门，我们走了进去，看见屋里放着好几张单人上下床，住的全部是小伙子，有七八个人，正在起床、洗漱、上卫生间。

我问他们这里谁负责，他们忙忙碌碌的，没有人回答我。

我大声叫住一个小伙子，通过他了解到这里是汤城小厨的宿舍，他们全都是那里的员工，房子是他们老板租下来的。

我和老先生等人出来后走进卫生间看了看，里面湿漉漉的，墙面布满水珠，漏水的墙角处也积了不少水。

调查清楚漏水的情况后，我们和老先生离开了房间。在楼道里，我对他说："我们派出所离汤城小厨很近，我去找他们老板帮助您解决这个难题，您看好不好？”

老先生说：“好！”

等我们到了汤城小厨，已经快晚上9点钟了。在员工的带领下，我们在后面的厨房找到了正在忙碌的厨师长，他正在地上验收送来的各种蔬菜、调料等物品。

厨师长给了我他们老板的电话号码，我打了过去，与他详细沟通了一下，希望他把所租宿舍的漏水问题解决一下。楼下的老先生报了警，而且漏水也的确比较严重，影响了他们的生活，希望他设身处地地理解人家的难处，尽快维修。他满口答应了，并说今天就去落实解决。

我把这个好消息告诉报警的老先生的时候，还以为会让他满心欢喜。没有想到老先生却对我大发雷霆，指责我们：“为什么楼上住这么多人派出所不管？”

我告诉他：“人家没有违法，派出所没有处罚依据。和住多少人没有关系。”

老先生还是不理解，唠唠叨叨地没完没了。

我们这样认真负责地工作，居然还是有人不理解。警察并不是万能的，尽职尽责就已是问心无愧了。

【马后炮】

一些社会问题需要随着制度的健全和完善，甚至多部门合作才能解决。指望警方大包大揽，全部解决，肯定是不现实的。理解报警人的心情，但遇到这些社会问题，我们所能做的，也只有尽最大努力帮助群众排忧解难了。

86 无米之炊怎么办?

一天凌晨1点多钟，值班室的电脑音箱响了起来。我起身打开显示屏，画面上跳出了一个报警，是一位女士家人走失，报警求助民警。

我按照报警人留的电话号码打了过去，核实一下情况。电话拨通了以后，是一位上岁数的女士接的，听口音就知道是地道的北京人。

我客气地问她："您需要什么帮助?"

她说："我儿子和我怄气，跑出去上酒吧喝酒了，你们帮助我找一下吧?"

我说："他去哪个酒吧了?"

她说："我不知道。"

我说："那我们去哪里给您找呀?"

她说："你们帮帮忙，我一个老太太更没有办法。"

我说："全市有上千家酒吧，我们不可能让全市的警察都去酒吧给您找儿子吧?"

她说："你们帮忙去找找看，行吗?"

我说："他手机可以打通吗？您知道他电话号码吗？我给他打电话，可不可以?"

她说："可是我不知道他的电话号码。"

我说："您儿子结婚了吗？如果您家里有谁知道他的电话号码，

您可以问一下，然后告诉我。”

她说：“他没有结婚，他姐姐肯定知道他的电话号码，可是这么晚了，打扰她不合适。”

我也乐了，便开玩笑地和她说：“您这不是已经打扰警察了吗。”

她说：“我知道你们有值班的。”

我说：“可是现在您不知道您儿子去哪里了，又不知道他的电话号码，我们也没有办法去找人，如果没有太着急的事情，您先耐心等待一下吧。您要是特别着急，就先问到他的电话号码，我们再帮您联络。”

她说：“可是我还是希望马上看见我儿子，你们再想想办法吧。”

我说：“这就如同您让我们摸月亮，没有梯子怎么摸呀，给您一锅水，没有米怎么熬粥呢?”

她听后沉默了。我又安抚了她一会儿。渐渐地，她也理解了我们的确没有办法，也没有条件去帮助她，情绪也稳定下来了。

【马后炮】

民警要知道如何设身处地为群众着想，不急不躁，恰到好处地做群众的思想工作，会起到事半功倍的效果。

类似的报警的确不少，一次一位家住远郊区县的家长，要我们带着他的儿子（正在我们派出所管辖区域内的一所中学上课）去医院打针，然后再送回学校。我婉言拒绝了他，因为这并不是派出所民警的工作职责。

87 贴膜纠纷

春节前的一天下午3点多钟，一对年轻情侣打算在中关村贴手机膜，正巧在过街天桥上看见一个贴手机膜的流动小贩，他们过去询问了贴膜的价格，是10元一贴。他们两个商量后，认为经济实惠，可以接受，就排队等候。他们把新的iPhone 6手机递给了小贩，看着小贩麻利地不到5分钟就给手机贴了膜。当他们接过了手机，女士看了看手机说，手机边上被小贩划伤了。小贩不承认，说是手机本身就有划伤，双方争执了起来，女士报了警。

我们正好在附近执勤，到了过街天桥简单询问了案情后，便把争执双方带到了附近的警务室。

小情侣嘟嘟囔囔地说就是小贩划伤的。

小贩反驳道："我一天贴膜一百多个，没有一个划伤的，是他们讹人！"

我把iPhone 6手机拿过来看了看，的确手机的右边有一道细细的划痕。我想，到底是小贩贴膜划伤的还是情侣给他之前就已经划伤了，光说没用需要他们拿出来证据。

我把小情侣叫到了一边儿问："干吗不找正规的手机店去贴膜，非要找到路边儿的无照小贩？"

他们说："就是为了方便和省钱。"

我说："你说是他划伤的，有证据吗？"

他们说："没有。"

我说："你们没有证据证明是小贩给划伤的，这里又没有监控，我们也没法判断呀！"

他们无话可说了，最后说："那就算了吧。"

我又找到小贩问他是怎么回事，他一口咬定就是对方讹人，他同意不要他们十元贴膜钱了，算自己倒霉。

我又找到小情侣，告诉他们以后还是要到正规的地方贴膜，找这样的路边儿小贩肯定没有保障，他们表示理解后离开了。

小贩看见他们离开了就恶狠狠地说，他就是遇见了既想省钱又找碴讹人的坏人了。他一天贴这么多手机，从来没有发生过把人家手机划伤的事情，操作起来都很熟练、很专业了。说可以免费给我贴一个看看，我拒绝了，拍了拍他的肩，让他离开了。

【马后炮】

民警的工作会遇见各类矛盾，而且大多是民事纠纷。要带着理性和温度的执法，做到合情、合理、合法，而不是生硬告诉当事人上法院诉讼解决。我们需要具备化解矛盾的能力。

88 加油站里面的残疾人

一天下午4点多钟，我接到一个残疾人在加油站的报警，说他同加油站的工作人员发生了矛盾。我打过电话去，问他是什么矛盾。他说他开着残疾人摩托车来加油，人家给他的摩托车加油后，他拿出来一个十公升塑料桶，让工作人员给灌油。工作人员告诉他，按照他们的工作规定，不能给塑料桶灌油，而且，就是要拿标准的汽油桶来灌油，也需要到派出所登记。他报警希望民警到现场，让加油站给他塑料桶灌油。

我客气地在电话里面告诉他："先生，我们去加油站也不能够让工作人员给你往塑料桶里灌油，你知道多年前发生在'蓝极速网吧'的纵火事件吗？就是纵火人在加油站买的汽油，也是灌进塑料桶里面买走的。而且用塑料桶装汽油有很大的安全隐患。所以，现在拿塑料桶买汽油，加油站一律不卖。希望你能够理解。"

他说他是残疾人，希望予以关照。我耐心地说："理解你的不容易。可是这样的关照是没有依据的，也是不可能的。残疾人也要遵法守法，不可能网开一面。"

他嘟嘟囔囔地说："我不懂那么多，就应该给我加油，否则我就去投诉你们。"

我坚定地说："你是否需要民警到现场再给你详细解释一下？但是可以肯定地告诉你，拿塑料桶加油百分之百是不可能的。你投诉了也不可能。不可能按你的意愿做。不信你可以试试看，是你有依据，还是我说的对。"

他听见我说的口气这么坚定，只好说："不用民警来了，我自己解决了。"

【马后炮】

对群众的解释工作要有理有据，清晰明确，不能够模棱两可。民警应该争取具备律师的水平，利用法律去解释，群众心服口服。

89 菜盘里一只蟑螂引发的矛盾

一天晚上6点多钟，有两个来北京旅游的女士来到成府路一家家常菜馆吃饭。两个人点了三个素菜、一个汤、两碗米饭。饭吃到一半的时候，其中一位女士在一道菜里发现了一只蟑螂。她没有慌乱，只是有些嫌弃地将这只蟑螂夹了出来，放在餐巾纸上，随后把服务员叫过来，告诉她在菜里发现了蟑螂，让她把经理找来解释一下，商量出个解决办法。

其实这个矛盾不大，只要沟通好便能很好解决。在这类中档餐厅里发现虫子是有可能的。

可是，服务员态度强硬，一下子就让问题复杂化了。

本来两个女客人看见蟑螂也不想吃了，只想让经理过来解释一下，打一下折就算。可是，服务员过来告诉她们经理没有在，打折做不了主，也不解释蟑螂的事儿。

两个女客人非常生气地说："在你们这里吃出来蟑螂，你们还不想办法解决，那我们就只好投诉了。"两个人开始起身收拾物品，准备不结账就离开。这时候，胖胖的餐厅经理出现了，拦住了她们，双方开始吵架，互相推搡了起来。

围观的群众报了警，我正好在值班室值班，派我们的民警赶去现场，将矛盾双方以及发现蟑螂的菜品带回了派出所。

我问了一下双方事情的经过以及双方的争议，问他们想如何解决这个矛盾？他们简单回答了我。

我心里有数之后，马上给我的一位做餐饮的朋友打了电话，咨询一下当事人发现菜里有蟑螂之后，到卫生防疫站投诉餐厅，会得到什么样的处罚？他告诉我，最低会被罚款 1000 元，情节严重的会罚得更高，还会有相应的其他处罚措施。

我觉得现在争议的焦点是餐厅方面承认不承认蟑螂是在他们菜品发现的。

我把王经理叫到了另外一个房间问道：“你承认不承认蟑螂是在你餐厅的菜里发现的？”

他说：“我看不一定。”

我说：“没关系，拿蟑螂和发现蟑螂的这道菜到卫生防疫站做鉴定，我相信他们会给出一个权威的结果，你知道若检疫不合格会有什么处罚吧？起步罚款 1000 元，所以，你好好想想你的餐厅里面有没有发现过蟑螂，是第一次出现这类问题吗？”

他看看我，没有说话。

我继续说：“你看看这两位女士，她们发现蟑螂后没有要求免单，只想要个解释并要求打打折，也是合理的要求，你们这样懈怠人家，是不是不讲理。”

王经理倒是客观地说“的确这件事我们处理得不好。”

我说：“我们现在讲求以理服人，你们这家餐厅到底有没有发现过蟑螂，想必你比我更清楚。卫生防疫站检查一次，就真相大白了，你欢迎他们去你那里检查一下吗？”

他摇摇头说：“不需要他们来检查了。”

我说：“你想怎么办？”

他说："您看看如何解决？"

我说："简单的方式，就是你向她们道歉，求得她们谅解。给人家打折或者免单。双方虽然动手了，但也只是推搡，没有人受伤你们首先处置不当，错误在先。复杂的方式，就是建议她们去卫生防疫站投诉你这家餐厅，然后带人过来检查，关于双方动手的问题，你们可以到医院做伤情鉴定，然后商量下一步如何解决。这件事处理不好就是一起治安案件，如果处理好了，就是一起消费纠纷。"

他说："我当然希望以简单方式解决。"

我说："行，那你一会儿向人家道歉，看看进展吧。"

他无奈地低下头……

我转身去另外一个房间，同两位女士沟通，看看她们想如何解决。这时候，一个民警过来告诉我，两位女士叫来几个小伙子，怒气冲冲的，就在派出所门外。

我对两位女士说："这件事，餐厅经理也承认是他们的责任了，他想给你们道歉，你们看行不行？"

两个女士点点头说："可以。"

我把王经理叫到她们身边儿，看着他们。

王经理说："老妹呀，哥哥今天错了，你们两位先消消气，饭钱我们不要了，我再赔偿你们200元怎么样？欢迎你们再来我们餐厅吃饭。"

两位女士还是气冲冲的，其中一人说："你以为我们是无理取闹吧？谁稀罕你的200元了，我们不是要饭的，我们本来就想你们给个道歉，然后打一下折，就走了。可是你们连解决问题的诚意都没有。”另一位女士也说：“我们来北京玩儿，根本就不想耽误时间，可是你们做事简直不可理喻，我的几个朋友也想同你理论理论，现在就在派出所门口呢，你看好不好?”

王经理继续说：“两位妹妹原谅哥哥吧，哥哥给你们道歉了，也希望你们的朋友谅解我，真的对不起。”

双方继续聊了几句，两位女士最终谅解了王经理。

我最后对两位女士说：“希望你们在北京玩得愉快，忘了这件不愉快的事情，也希望你们外面来的朋友不要把事情搞复杂了。”

她们点点头，双方在调解书上签字后离开了。

【马后炮】

民警处理问题时，要有理、有力、有节，要掌握相关的处罚依据和程序。自己不了解的可以多方咨询了解。处置过程要掌握“火候”，尽量让双方心悦诚服。多处置几起治安案件，自然就可以积累丰富的工作经验。

90 电脑是被盗了吗?

冬日的一天中午12点多，我们刚刚吃完午饭，准备回宿舍稍微休息一下。这时候，接到某公司一位员工的报警，说自己的电脑在公司里面被盗了，我按照报警的电话号码用手机打了过去，是一位男士接的。我问他电脑怎么被盗了，他说就是放在自己的办公桌上不见了。

初步了解了情况后，按照工作“有警必出”的原则，我们来到了现场。

这个公司位于中关村某大厦的22层，我们来到这个大厦时，正好赶上大厦各个公司里面的人员吃饭和午休，人头攒动，六部电梯全部开动，每个上上下下的电梯都挤满了人。

用了差不多15分钟时间，才挤进满满是人的电梯，很费劲地到了22层，在楼道里找了一番，才找到看着这个规模很大的公司。

我们在公司外面敲门，里面的一个人用门禁打开了门。我们进去之后，一个戴眼镜，胖胖的，个子不高的小伙子迎了上来，说是他报的警，然后领着我们走进了公司。公司里面的确很大，人来人往的，每个人都忙忙碌碌的，我们来到了小伙子的办公桌前面，他指着办公桌说就是在这里电脑被盗的，然后露出一副无奈的表情。

我过去仔细看了看，两个电脑的线头耷拉在桌子上，办公桌上面还摆着小伙子的照片，一盆小小的多肉植物以及水杯等杂物。

我的确纳闷，这么防备严密，监控完善，外人根本进不来的公司，电脑怎么可能被盗呢？的确很蹊跷。

我问小伙子："你把身份证拿出来，我要登记。"他掏出随身携带的钱包，把身份证拿出来递给我，我看了看，小伙子姓马。

我看着他，然后说："你的电脑被盗，有其他因素没有？"他说没有，但是明显没有底气了。我把身份证交给同事小王，让他在出警本上登记。

我转身去了这个公司的经理办公室，这个公司的女经理，年轻、个子高、精明能干，我们说明了来意和身份，她请我进了她豪华的办公室。我问她知道不知道他们公司姓马的小伙子报警丢失了电脑。她说报警不知道，反倒是告诉我，电脑是她下命令给拆下来的。

因为，公司认为他工作不称职，已经同姓马的小伙子解除了工作合同，也已经同他谈了，可是他迟迟不交接工作。电脑是公司给他配备的，所以，他们只好把电脑给撤了，逼迫他离开。所以说电脑肯定不是被盗了。

我听明白了，我对女经理说："您可以陪同我去找这个小伙子谈一谈吗？"她说："可以。"

我们一起转身又去了刚才报警的那个小伙子身边儿，小伙子看见女经理同我们一起过来，表现出来很无奈的样子，我对他说："小伙子，你能够说实话吗？"他看了看我，低下了头。

我说："我刚才问过你们公司的经理了，知道了事情的真相，你该交接工作就交接工作。电脑是公司给拆下来的。电脑是公司的财产，又不是你个人财产，也肯定不是被盗了。你这样报警很不合适。有本事、有能力自己发展好，再有，明知道事情的真相，报假警，按照规定是可以处罚你的，看在今天没有造成什么严重后果的情况下，先不予追究，你好自为之吧。"

他点点头。

我们让小伙子在出警本上签字后，女经理把我们送到了电梯口，我们很快离开了。

【马后炮】

出警就是一个去伪存真的过程。处置相关问题，偏听则暗，兼听则明，在没有了解事情的真相的时候，不要轻易发表评论。作为一个执法者，说话更要滴水不漏，无懈可击。好的民警就是要追得上、打得赢、说得过、判得明。

91 金钱豹出来的醉酒人

一天深秋的下午3点多钟，我们接到中关村欧美汇楼下的一个报警，说有人酒后闹事，请民警来处置。我们到了现场，那里已经围观了不少人，有几个醉酒的人正在同站在一辆厢式货车旁边儿的两个卸货工人对骂。其中的一个小伙子醉酒了，丑态百出地躺在地上，嘴里还骂骂咧咧的。

经过双方当事人的叙述，以及围观群众的讲述，我听明白了怎么回事。

原来，家住农科院的六个中年男人中午到欧美汇楼上的金钱豹自助餐厅就餐。酒足饭饱后，其中的两个人喝酒喝多了，东倒西歪地开始闹事。还有两个喝得比较多，没有闹事，就是语无伦次，基本上还能够控制自己。剩下两个喝得不多，还算比较明白。

他们结账离开后到了楼下，两个喝醉的人看见路边儿的货车上两个小伙子正在卸毛绒玩具，其中一个醉汉过去上前拿了一个，说这个是送给他们的。两个卸货的小伙子不干了，说他们只是给家乐福超市送货的，最后说不通，就同他们几个打了起来，双方都受了点儿伤，并无大碍。

围观群众很多，现场很乱。一个喝醉的小伙子还到路边儿撒尿。然后，过来搂着我说："他们打我，赔我2000块钱，不然就没完。"

我过去询问卸货的小伙子："受伤了吗？需要看病吗？"他们说没事。我又问："我直接劝他们离开行不行？"他们说可以。

然后，我转身，找到那两个比较明白的中年人说："你们一起来的，不要惹事，能不能把他们几个一起带走，回家醒酒去。"他们说："我们试试看。"

我看着他们开始试图把躺在地上的人叫起来回家，可是躺在地上的人失去意识了，开始胡闹，在地上打滚。

刚才搂着我的小伙子，又过来跟我胡搅蛮缠。

同我一起出警的派出所女警看见这样的局面有些胆怯，只有辅警小张在我身边儿。

这时我觉得，想现场解决是不可能了，便用手持电台把情况汇报给派出所的指挥平台，希望派警力支援。

等待了5分钟左右，支援的警力到了。我们几个民警费了九牛二虎之力才把这六位当事人拉上警车，同那两个卸货的小伙子一起带回派出所。

开始，喝醉酒的一方坚持说他们挨打了，要求赔偿损失，但随着他们逐渐清醒，在听警方说明真相及家属的劝解后，认识到了自己的错误，并向卸货的小伙子们道了歉，还赔偿了他们误工费200元。

最后，双方协商解决了。

【马后炮】

处置醉酒类现场一定要审时度势。在现场控制不住时，一定要请求支援，不要让自己陷入被动局面。醉酒的人因为失去了理智，要请他们的家属来帮助解决问题，这也是非常行之有效的解决办法。

92 路边儿的浓烟

深秋的一天下午 1 点多钟，艳阳高照，是一个难得的好天气。我们接到一个路人的报警，说在万泉河由北向南的辅路，路边儿下水沟的铁篦子里面正不断冒出来浓烟，希望我们去现场看看。这时候，我们接到了分局的电台通知，说消防队正要去现场灭火，让我们协助一下，帮助维护现场秩序。

我们很快到了现场，万泉河比较偏僻，路人不多，看热闹的没有几个人，都是骑自行车路过的人。我们看铁篦子里面冒出了浓烟，有 3 米多高，估计是天干物燥，路人扔的烟头点燃了铁篦子里面的树叶。

消防队的消防车比我们早到了 1 分钟，我们看到穿戴橘红色全副武装的消防队员迅速地下了车打开水枪，往铁篦子里浇水灭火。里面的水汽，一下子冒得更大了，过了 5 分钟左右，水汽逐渐变小了，里面发出了“呲呲”的声音，又过了几分钟，水汽消失了，问题彻底解决了。

我询问灭火的一位消防队员着火的原因是什么，他告诉我：“就是路人扔了没有完全熄灭的烟头，引着了下面的树叶。”他指了指路边儿的五个铁篦子又说道：“这几个都着过火，也是我来灭的火。”随后，他又对现在的一些人不负责任、没有素质的行为表示了愤怒和不解。

我同他交流了一下，问他是否可以让环卫部门配合一下，及时清理树叶，避免类似问题的发生。他说他回去同领导反映一下问题，尽快找到解决问题的办法。

然后，他们收拾妥当，让我在他们出警记录上签字后，迅速离开了。

【马后炮】

应该让这些不负责任的人，看看自己的一个不当的行为，给他人带来了多大的麻烦。素质教育不是一朝一夕完成的，让所有人养成良好的习惯，任重而道远。

93 处置居民家中的马蜂窝

一个夏天的早上 7 点多钟，闷热难耐。我们接到某大学校内居住在一栋平房住户的报警，说在他们家的屋檐下面，发现一个大马蜂窝，威胁其家里人的安全了，请民警到现场予以帮忙解决。

我们民警很快到了现场，查看了一下这个直径有 20 厘米左右的马蜂窝。民警没有处置马蜂窝的经验，也没有专用的工具，只好返回了派出所，见到我便无可奈何地说：“这问题可怎么办呀？我的确解决不了，李哥，你想想办法吧？”

按照一般的工作程序，这种情况应汇报给分局，分局再联系附近的消防队，可以请消防队员来现场处置，他们有专业的工具，解决这样的情况肯定没问题。

可是，我觉得这点小事没有必要麻烦他们解决。我想起大学的园林科是负责校园里面的植树、绿化、草坪等工作的，肯定有处置马蜂窝的经验。我与他们比较熟悉，我认为请求他们予以解决是再好不过了。

我拿起电话，同清华大学园林科的领导沟通了一番，他们表示肯定没问题。说一会儿就会派人去解决。

我又给报警人打了电话，告诉他们园林科的工人一会儿会来处置。

接警的民警也去了现场，看着他们很快就处置完了，报警人也给我打电话表示了感谢。此事圆满解决了。

【马后炮】

根据《中华人民共和国警察法》第21条的规定，人民警察遇到公民处于危难时应当立即救助，对公民的报警案件应当及时查处。帮助群众排忧解难，是我们的责任和义务。实际工作中，我们会遇到一些令人无奈的报警，有的时候，很难界定什么是紧急情况，对于什么应该管、什么不应该管要具体情况具体分析。

94 欠账还钱，天经地义

深秋的一天晚上9点多钟，凉风习习。我们接到某小区居民的一个报警，内容是有人跟踪他，希望民警速来解决。第一次接到有关跟踪的报警，我感觉很蹊跷，便迅速赶去现场查明情况。

我开着警车，用了5分钟左右到了该小区一栋楼下，见到了报警人——一对40多岁的中年夫妇、中年男人指着他身后路灯下的两个戴着头盔、骑着摩托车的小伙子说：“您看看，就是他们两个，一直跟踪我们，都影响我的正常生活了。”我问他：“你们之间是什么关系？他们干吗不跟踪别人，就只跟踪你呢？”

他说：“我借了一个朋友一笔钱，现在还没有还上。这个朋友就派了他们来跟踪我。”

我说：“我明白了，那你是希望我们介入解决这件事，还是你们之间自己协商解决？”他明确告诉我说，希望我们帮助他解决这件事。

我告诉他：“你先上我们的警车，我们回派出所进一步解决。”

我走到了两个骑摩托车的小伙子身边儿，询问他们是怎么回事？其中一个小伙子摘下头盔，对我说：“那个人欠我们老板不少钱，我们老板让我们跟着他，我们费了好多天时间，才找到他，就只是想让他还钱，我们又没有打骂他。”我让他出示身份证，又要了他的电话号码，跟他们两个说：“我把他们两人带回派出所，你们开着摩托车跟着我一起去，你们可以通知你们老板，也到派出所来，一起商量如何解决这个问题，好吧？”他们告诉我没问题。

在回派出所的路上，我问车上的中年男人：“为什么不还钱？”他告诉我：“因为这个朋友要的利息太高了。”我说：“你的朋友是做高利贷的吗？”他说：“可能是。”我告诉他：“只要利息不高于银行利息的四倍，就不是高利贷。你借钱没有到派出所备案吧？不是派出所批准的吧？还不上钱了，找民警求助呢？你想让民警怎么处置你这件事呢？还有，你想一想，自己应该承担什么样的责任？

你自己就是矛盾的起因，是导火索。”他沉默不语了。

回到了派出所，我们将双方交给了警区值班室，让他们进一步处置，我们又去出警了。

早上6点多钟，我在派出所的大厅里面又见到了昨晚的一方当事人，其中一个人告诉我，昨晚的那个报警人管好几个人借了共1000多万元，这几个人都有公证书和他的借款凭证，然后出示给我看了看。之后还说这个人经常搬家，躲债，今天一定要让他拿出个解决方案。

【马后炮】

民警处置问题一定要依法依规，合情合理，我们的管辖范畴有明确规定要求。解决这类借款纠纷不是我们的工作内容。双方不发生打架斗殴的冲突，我们便不会介入。

95 180元的停车费

凌晨3点，夜阑人静，喧闹的中关村西区安静了下来，这个时候我们接到了一个报警，是停车纠纷。我感觉有些奇怪，因为我从来没有在这个时候接到过类似的报警。

我们开着警车，很快来到某大厦楼下，见到了50多岁的报警人——一个有着浓重南方口音的停车收费员。站在他旁边儿的是一个戴眼镜、斯斯文文、个子高高的小伙子。

在他们边儿上一辆白色斯巴鲁森林人的越野车停在路边，车的左侧前轱辘上，一辆旧自行车放在旁边，自行车前轱辘的一个弹簧锁锁住了汽车的前轱辘。

听过双方的叙述，我了解了事情的来龙去脉。

原来，小伙子在这个大厦里上班，平时不开车，昨天他加班，早上 6 点左右来了，就将车停在了路边儿。他也知道这里是收费停车区域，当时没有看到收费员就直接上楼了。

他本来想到凌晨 3 点了，停车收费员下班了，自己把车开走，不用交停车费。可是没有想到这个停车收费员居然这么执着地等着。其他车都开走了，只有他这辆车没有收费，收费员一直等着他。而且为了以防万一，用一辆旧自行车锁住了汽车。

凌晨 3 点了，小伙子下了楼，停车收费员告诉他，停车费一共是 180 元，小伙子吓了一跳，认为太多了，停车收费员告诉他费用明细给他讲清这 180 元是如何计算出来的。小伙子想让收费员少收一些，但收费员不干，怒气冲冲地说："为了你这一辆车，我现在都没下班，人家都睡觉了，我还没有睡觉，你这是折腾人，你这个人的确挺讨厌的。"停车收费员一气之下报了警。

我乐着对小伙子说："人家说的属实吗?"他点点头。我说："没有熬走人家，你也得表示下态度吧。"小伙子也乐了。然后掏钱给了对方 180 元，双方和解了。

180 元，是我见过的最贵的停车费。

【马后炮】

对于想要逃费的人，收费人员自会有一套行之有效的应对方法。所以还是要做老实人，办老实事。投机取巧，是不会有好结果的。

96 求助民警帮忙押送钱款的人

一个冬天，下午4点多钟，我们接到派出所的布警，说在中关村大厦下面的建设银行里面，有人取款之后求助民警。

我们开着警车，到了银行门口，下车走进了银行里面，打电话找到了报警人。报警的是两个年轻的小伙子，双胞胎个子高高的，都在一米八左右。我问他们发生了什么事情。站在前面的小伙子说，他们刚才取了50万现金，想要到四环路边上的鼎好大厦去，怕不安全，想上我们警车，所以求助民警。

我费解地看着他们，我思考了一下，这个求助该不该管。我思想开始斗争起来，两个报警人也看出来我的为难，站在一旁憨笑。

经过思考我做了决定，我说："上车吧。"他们两个随着我，用双肩包装着现金，出了建设银行，上了我们警车。警车往两公里之外的鼎好大厦开去。

在警车上，我问两个小伙子："你们认为这件事，民警应该管吗？"他们两个还是笑呵呵地说："我们认为应该管。"我说："派出所不是镖局，我们不负责押送市民的钱款，要不然，每天那么多人取钱，派出所哪里忙得过来。可以肯定地告诉你们，派出所不负责这样的工作。如果是老年人或者是行动不方便的人我们倒是可以考虑予以帮助。但是也要具体情况具体分析。你们两个小伙子身强力壮的，完全可以不用他人帮忙。警务资源是公共资源，应该用在合适合理的地方，你们说，是不是这样呢？"他们两个人也点点头。

我接着说："这次就算了，我也跟你们讲清道理了，下次希望你们自己想办法。警察不会再管你们这样的事情，也肯定不会让你们上警车了。"

他们连忙不好意思地说："好好，对对。"

这时候目的地也到了，两个人道了谢，下车离开了。

【马后炮】

我们要区别对待报警。比如，高考时期的考生，如果准考证忘带了，求助民警，民警肯定要管。如果高考结束了，考生要看演唱会，因为堵车，求助民警，民警肯定不管了。对年老或行动不便者的求助，一般都可以放宽范围。民警在处置求助类报警时，应该审时度势，具体情况具体分析。

97 浓烟滚滚的现场

在一个晴朗无云的冬天上午10点多钟，我们接到分局指挥中心布置的紧急火警警情：在中关村某小区，一栋居民楼内发生火灾，请民警迅速到达现场，协助消防队员灭火工作。我们开着警车火速赶到现场。现场围观群众不少，一辆红色大型消防车随后也停在了楼下，消防队员拿着各种灭火设备，忙碌着开始灭火。

我们赶快拿出警戒带把现场围了起来，防止无关人员进入。

着火的是一个老旧的南北位置的三层灰色砖楼，其中二楼靠南侧的一个窗户里正冒出来滚滚浓烟。

消防队员已经拿着灭火设备冲进了楼里。我们的工作是维持秩序。我看见居委会的于大妈也在现场，便过去问她住户在吗？她告诉我，住户上班去了。她认识这个住户，已经打电话告诉他了，住户在西直门附近上班，正在赶回来的路上。

一开始，从窗户冒出来的烟很浓、很大。消防队员上去了10分钟左右，烟逐渐变淡、变小了，这说明灭火的工作逐渐进入尾声了。

又过了10分钟左右，烟已经很小了，我征得现场消防指挥人员的同意，上楼看看现场的情况。我顺着楼梯上楼，看见楼道里面消防水管一直拉到了二楼的右侧一个房间，房间里面还有两位消防人员。房间里面一片狼藉，着火点是一个双人床屉，四边完好，中间黑黑的，都露出来弹簧了，还冒着淡淡的青烟，旁边儿有一个电褥子，已经面目全非了。消防人员又继续浇水，几分钟后，看见没有其他危险了，他们就开始收拾装备，房间门口的一个消防人员让我在他们出警本上签字，然后他们下楼回到了消防车上，迅速离开了。

正当我也准备下楼时，房主随着居委会的于大妈一起急匆匆地上楼来了。房主是一位50多岁的中年人，他看看我，进了房间后，嘴里嘟嘟囔囔地说："这么乱呀，我的贵重东西丢了怎么办呀？"他进屋后就开始找他的东西，一会儿告诉我们东西都在，可这么多东西都毁了，怎么办呢？

我告诉他："你这里着火，是危害了公共安全了。这个时候是大家的生命安全重要，还是你们家的财产重要？今天这件事，好在没有殃及他人，否则，你是构成失火罪的。他们是有权力要求你赔偿的，你也要承担相应的法律责任。”

他看看我，没有说话。

我告诉居委会的于大妈，若有其他问题，可以随时同派出所联系。我们也很快离开了。

【马后炮】

首先，民警对相关的法律知识要有所了解和掌握，才可以对相关法律问题对答如流，这种由于人为的过失而引起的火灾，若造成严重后果便构成了失火罪，当事人要承担法律责任。当然，这件事没有造成严重后果，只是构成失火行为了（过失又分为过于自信和轻信能够避免），便不予处罚了。

其次，为什么消防车、警车、工程救险车、救护车在执行紧急任务时会使用警报器、顶灯呢？就是因为紧急情况出现时，要保证及时到达现场，以挽救正陷于危险中的人的生命财产损失。所以，遇见使用警报器、标志灯具的各类车时，在保证安全的前提下，应该马上避让。

98 闹事的变色龙

中关村西区派出所东面有一栋五层的老式居民楼，前段时间一楼某住户正在装修。一天中午，几名装修的工人正在一楼墙外施工。

突然，一名工人在一楼与二楼之间堆放了不少杂物的地方，发现了一只60厘米长的变色龙，把他吓了一跳，都不敢干活儿了，于是报警求助民警来处置。

我们赶到现场后询问了情况。报警人告诉我们在一楼靠上一点的位置就可以看见这个变色龙。我胆子比较大，也听朋友介绍过变色龙比较温顺，不咬人。就顺着靠在一楼墙外的梯子爬上去探头看了看，但并没有发现这只“可爱的”小动物，只好又爬了下来。确实，变色龙不可能一直待在一个地方，老老实实等着人去抓它。

虽然现在变色龙不见了，可几名工人却迟迟不敢施工，聚在一边儿抽烟，看来不找到这只变色龙是解决不了问题了。我问房主，是否知道这只变色龙是谁养的，他表示不知道。

我观察了一下这栋居民楼，如果要爬上二层，必须借助专业工具，我只好用电台将情况汇报给了分局的勤务指挥处。勤务指挥处反馈，消防队的武警战士会来帮忙，他们的装备中特殊工具比较多。

我们耐心地等待了不到10分钟，就听见消防车鸣笛的声音，由远及近，肯定是奔着我们来的。

这时候，一个30多岁的中年男人快速从我面前跑过。职业的敏感让我判断这个人很可能就是变色龙的主人。

我赶紧把他叫住，问道：“为什么跑这么快，是不是养的变色龙跑出来了？”

他说：“是啊，我已经养了三年多了，刚才邻居打电话告诉我它跑了，我就赶紧赶回来，好把它抓回去。”

我问他是否需要帮忙，他摇摇头跟我说：“不用了，我自己就行，之前就跑过一次。”

我马上用电台将现场情况报告给分局勤务指挥处：变色龙的主人回来了，不需要消防队来处置了。

【马后炮】

随着人们生活水平的提高，很多人喜欢追求个性化的东西，养起了“另类宠物”。我们派出所的民警就曾看见过，一位女士牵着一头大花猪在散步，的确让人感到新奇。然而，有些人因为不了解饲养动物的相关规定，平添了没必要的麻烦，更有甚者如野生动物的买卖等甚至引起了不少法律问题，也给民警执法增加了新课题。

‖其　他‖

99 恻隐之心与抓小偷

近10年来，各地不断掀起暑期旅游的热潮，不少望子成龙的家长希望让孩子感受一下著名大学的风景和校园生活，因此大学校园游也成为北京的一道风景。

在北京大学东门和清华大学西门门口，常有很多人冒着酷暑排着长队进校园，这其实是一件很辛苦的事情。

2018年暑期，这里开放了网络预约进校园的窗口，免去了排长队的困扰和痛苦，比起以往的人声鼎沸，校园秩序恢复了井然。

2015年7月的一天下午3点多钟，我们接到了在北京大学东门的一个求助报警，说是有困难请民警帮助。我们只好到现场去看看群众有什么具体困难了。

我们到了现场，这里人山人海，喧闹无比。冒着高温，下了警车，我们见到了报警人，是一位40多岁的女士，在她身边儿，还有两男一女三个调皮的小孩子。

我询问她需要什么帮助。她说今天晚上她就要带孩子回大连了，现在排队进校园肯定来不及了，希望我们能够帮助他们不排队进校园，解决他们的燃眉之急。她振振有词说都说有困难找民警，于是我们就报了警。

这真是个奇特的求助！我对她说："这么热的天儿，大家肯定都不想排队，但人家立了规矩，大家就要遵守。"

她说："可是……"

我对她说："你这是想让我们破坏人家的规矩，搞特权吗？"

她也不好意思地笑了。

按说，这样的报警我可以婉言谢绝。

我看了看排队的人群，实在不能让他们进去。我看了看三个调皮的孩子，又动了恻隐之心，毕竟他们来一次肯定不容易。这时我想出了一个折中的办法。

我问她："你们去过清华大学吗？"

她说："没有。"

我对她说："这里离清华大学很近，你们上我的警车，我把你们送到清华去那参观一下吧，那里的校园也很漂亮。或者你们自己坐出租车进去，门口保安也不管。"

她听了之后，感觉有道理，说："好吧。"

我们几个人走到了警车边上，上了警车，这里离清华大学西南门不到两公里，开车很快就会到了。

在警车往南开准备掉头时，我们接到了分局指挥中心的紧急布警，说有人在中关园车站的一辆公交车上抓到了一名小偷，请我们到现场予以处置。现场就在附近，我们顺势掉过头，往中关园开去。

到了现场，车站周围很乱。我们下了警车，看见路边儿两个小伙子抓着一个人，这个人 40 多岁了，满脸通红，还哇哇大哭。我拿出手铐给他戴上，拉着他到了警车边上，然后打开车门，让警车上的母子四人下车，并告诉他们只能自己打车去清华了。我们带这个小偷和找到人的两个小伙子以及一位女事主，快速回到了派出所。

在警车上，我了解到这个小偷在公交车上偷了这位女事主的钱包。被这两个小伙子（分别是女事主的弟弟和老公）发现后，两人携手将这个小偷抓住。

我们把小偷交给值班的民警。

过了半个小时左右，刚才求助的女士给我发来了信息，感谢我们的帮助，他们已经在清华大学校园里面了。

而抓住的这个小偷，是外地来京的一名惯偷，已将其行政拘留了。

【马后炮】

在条件许可的情况下，民警多帮助一些人，帮助人们解决困难，也是一件开心的事情。当然，主要工作不能耽误，要分清事情的轻重缓急。

100 您知道这是无理取闹吗？

2015 年 6 月下旬的一天晚上 9 点多钟，我们接到在中关村中湾国际酒店门口的一个求助报警，内容是与酒店发生了纠纷，我用电话打过去想了解一下什么具体情况，当事人怒气冲冲地没有说明白怎么回事，我们只好驱车赶往现场。

到了酒店门口，我们见到了报警的中年女士，她穿戴讲究，一身白色套装显得很干练和精明，胳膊上挎着一个 LV 皮包，通过她的叙述，我们了解了矛盾的焦点。

原来，这位家住延庆的女士的女儿第二天要到海淀区 101 中学参加中考，她上网看到中关村某酒店的介绍和图片，感觉不错，便预定了 300 多元一天的一个房间。刚才，她们来到了这家酒店，进房间后发现设施陈旧，卫生条件一般，临近路口噪声比较大。她认为没有达到自己预想的宾馆条件，性价比偏高不值，一气之下，没有在酒店继续办理入住手续，也没有交钱，离开了酒店，选择了报警。

她气愤地对我们说："是这家酒店的介绍和图片欺骗了我，你们得处罚这家酒店。"

我说："你交钱了吗？"

她说："没有。"

我说："酒店怎么骗你了？骗你什么了？"

她说："他们做虚假宣传，让我上当，还耽误了我时间，时间就是金钱。"

我说："酒店为了盈利和发展，做广告宣传，人家没有违法呀，顶多是各种条件没有达到你认为的标准，未必其他人不认可，你又没有交钱，人家没有骗你的事实，这件事同诈骗一点边儿都没有，怎么处罚人家？您可以选择其他酒店呀？"

她没有好气地说，她看了别的酒店都比较贵，自己没有那么多钱。

我说："您这个包，就好几万，您肯定是不差钱呀。"

她嘿嘿一乐，斜着眼睛看着我说："我的包是假的。"

我说您可以用手机上网查一查，看看有没有合适的酒店，也可以选择快捷酒店，比较便宜，条件也还可以。再有，您也可以选择离这里稍微远一点的性价比合适的酒店住下来，这样问题不就解决了。

我又对她说："大姐，这里是中关村西区，停车费都同西单王府井一样的，酒店价格肯定也都不会低。"

她说："没有看到合适的酒店，我只知道，有困难找民警。"

这个时候，我才知道这位女士就是在无理取闹，是一个很难沟通的人。

我说："感谢您对我们的信任，民警可以尽量帮您解决困难，可是民警不是什么事都可以解决、都应该给解决的，民警的帮助也是有限度的，也是有工作范围的。您这件事的确有点爱莫能助。"

她说："我不懂法律，就知道民警应该帮忙。"

我说："不懂法律可以学习，不然在社会上生存，是要碰壁的，民警要是有你想象的那么大权利，那就好了，问题倒是好解决了。"

我说："您这事还真帮不了，要不，您同我回派出所，让其他民警帮您想一想办法？"

她一听马上说："我谢谢您了，您不要耽误我时间，我走了。"

说完，拉着女儿上了停在一边儿的宝马 530 汽车，快速地开走了。

【马后炮】

对胡搅蛮缠的人，工作更要讲策略和方法，不要与之发生冲突，要尽量对其解释说明，提供解决办法，耐心地周旋，让她醒悟，问题自然就解决了。

现在，一些人生活条件好了，可是个人素质有待于提高。而且，这样的家长的所作所为，会给孩子树立怎样的范例？这件事，的确引发了我的思考。

101 奇葩的报警

一个风和日丽的冬日，我在值班时接到了一个奇葩的报警。

早上9点多钟，一个女大学生报警，说她在某大学宿舍内遇见了抢劫。我感觉蹊跷，在布防严密安保措施完善的校园怎么可能发生这么恶性的案件。

我按照工作程序，赶快布置正在外面巡逻的民警迅速到现场予以处置。民警火速赶往了现场，我先用电台告诉出警的民警报警人的具体位置，然后又按照报警的电话号码打了过去，想了解一下具体情况，琢磨如何采取相应的最有效的措施。

我的大脑马上高速运转了起来，火急火燎地进入了状态。

电话通了，响了几声后，一个女人声音传了过来。

我问她："你好，是你报的警？"

她慢吞吞地说："是的。"

我急迫地说："发生了什么事情？"

她慢条斯理地说："哦，嗨，我们同学之间开玩笑呢。"

我一听怒火中烧："你拿报警开玩笑？你知道你这样，是可以把你拘留的。"

电话里面传出来："啊。"随后就没有了声音，挂断了电话，我气不打一处来，又把电话打了过去，对方已经关机了。

我赶快用电台通知出警的民警，不用着急了，可以去这个宿舍，把报警人带回了，我要好好教育一下这个肆意妄为的女生。

出警民警来到她的学校，找到了她的宿舍，敲门，里面已经没有人了。民警也只好离开了。

其实，根据这个宿舍号码，通过学校的宿舍管理部门，找到学校的相关老师，完全是可以找到这个报警的学生的。要是想处罚她，根据报警的记录取证之后，是完全可以对她进行行政拘留的处罚的。

但最后，我想了想还是让她自己成熟起来吧，自己悔悟，认识到自己的所作所为是多么的无耻。

【马后炮】

对敢于拿报警开玩笑戏耍警察的，绝对应该严厉教育并予以处罚，让这样的人敬畏法律与规则，不敢胡作非为。这种行为绝不可以容忍，接报警的时候，接警员应该多询问一下具体情况，可以避免这类问题的发生。

102 疑似精神病人

中关村购物中心位于地下，是有上下三层的大型贸易商城，大约几万平方米的经营面积。

在地下二层有一家小型钢琴培训学校，经营面积有 200 多平方米。学校提供钢琴，有钢琴老师定期来授课，学生缴费后定期来这里接受培训和练琴，经营者是张女士。

据张女士介绍，这里的学生分为不同的年龄段，儿童占三分之二，成年人占三分之一，成年人中以年轻女士为主。

一天上午，来了一个 20 多岁的姑娘，报名参加了一个为期三个月的课程，学费交完之后，她来这里学习了三次。老师反映这个人举止有点儿怪异，其他同学之间都有所交流，聊聊天，但她不与任何人说话，而且还老自言自语，行为举止也很怪异，不过除此之外，学习钢琴的兴趣比较浓厚。老板张女士也观察过她，觉得她的确不太对劲，也怕惹事出意外，就婉转地对她说可以退给她全部学费，让她再免费学习一次，然后就不要再来了。可是这个姑娘没有同意。

这天晚上 7 点多钟，老师讲完课走了，剩下的几个学生正在练琴，大家有说有笑，可没想到，这个姑娘突然闹事了。她突然站起身说旁边儿的一个姑娘说她的坏话，莫名其妙地挥拳打了旁边这个姓李的姑娘，而且把她的脸抓出了多处血道子。李姑娘出于自卫，也打了她几拳，最后扭打在一起。大家拉开之后，张女士报了警。

我们很快赶到了现场，看见了双方脸上都有一些伤痕，打人的姑娘身高一米七左右，穿一件黄色的毛衣，被打的姓李的姑娘身高一米六左右，穿一件蓝色外套。我抬头环视了一圈，看见了监控探头，心里踏实了，因为它可以帮助我们还原事情发生的经过。

我首先同报警人张女士了解了事情的经过，并要求她把打架时的监控录像拷贝出来。被打的李姑娘哭着对我说："您看看，我都不知道她为什么打我？"我对她说："我们马上回派出所，然后你先看病，然后我们继续处理此事。"

我又走到打人的姑娘身边儿，问她："为什么打人家呀？"她气冲冲地说："她们在说我的坏话，她们就欠揍。"一边儿说一边咬牙切齿地看着钢琴，也不看我，我感觉到这个姑娘的确有点奇怪，但对于她是不是精神病人还需要进一步核实情况。我说："发生这件事，我们需要回派出所进一步处理，你们起来同我们回派出所吧。"她站起来说："这里所有人都要去。"我说："发生矛盾的是你们两个，你俩和这位报警的张女士一起去就可以了。"

可是打人的姑娘同我们较起劲来了，大声说："不行，这里所有的工作人员都要去。"我知道不能够对着干，不是原则问题就可以顺着她来，否则下一步工作就没有办法开展了。

我冲着张女士眨眼示意，张女士心领神会。我对她说："好吧，我们车上坐不了这么多人，你和三个工作人员上我们的警车，张女士开车带那个姑娘还有其他工作人员去派出所，你看怎么样？"她满脸怒气地点点头。

我们带着这位惹事的姑娘和钢琴学校的三个工作人员一起上了我们的警车，我让她坐在我和辅警中间。第一，我怕她身上带有凶器；第二，我怕她再做出极端的事情来。好在顺利地把她带回了派出所，交给我们警区的张警长，我们就继续出警了。

后来了解到，这个姑娘的确精神不太正常，派出所根据她报名时的身份证信息将她的家里人找来了，赔偿了被打的姑娘一笔钱，然后把她带走了。

派出所希望她家里人或监护人对她多进行关心和教育，如果真的患有疾病，及时去医院就医。

【马后炮】

出警时要审时度势，处理起来才会得心应手。要学会做工作，随机应变。这样就能达到工作目的，完成的过程可以灵活一些。工作也要讲方法和效率。现在疑似精神病人以及患有抑郁症的人比较多，对这些人的管理和疏导也成为社会问题的一部分。工作生活中，最好不要与他们发生正面冲突，否则后果会很严重。

103 跳楼的女人

在一个冬日的中午11点45分，我们在派出所的食堂刚刚打完饭，还没开吃就接到分局勤务指挥处的三级直接布警，说在中关村某小区11号楼有人跳楼，请我们迅速到现场甄别情况，然后报告。

我们三个人互相招呼了一下，放下热乎乎的饭菜，拿好装备，上了警车。我们是警察，工作就是工作，必须尽职尽责地认真对待。这也是我理解的职业尊严的一部分。

我开着警车很快就到了这个高楼林立的小区，见到了报警人，是居委会的40多岁的女主任。

她告诉我们，她们刚才在11号楼一层的居委会办公室上班，听到了一声很大声音的闷响，她们觉得很诧异，跑出来看了看，但没有发现异常。后来小区门口的值班保安告诉她们，他看见有人刚才从楼上跳楼了，于是她们报了警。

我们坐电梯到了这幢大楼的顶层，打开公共阳台的窗户，顶着凛冽的寒风往下面观察了一番。

在大楼二楼的平台上，我们发现了一个卧在那里的人，一动不动的，头部的血已经流出来了。我们又下到了三楼，近距离观察了一下，这个人是女性，年龄应该在50岁至60岁之间。

我们又冒着呼啸的北风，翻窗户到了二楼的这个平台，近距离看了看，已经一动不动的此人头部的血流了一地，也已经凝固，没有生还的可能了。不需要救助了。目前可以肯定的是此人已经死亡。

我把情况汇报给了分局勤务指挥处，初步判断是自杀，请他们派分局的治安支队的人来，勘察现场以及进一步处置，我们目前的工作就是保护现场。

我们又到了顶楼，勘察一下，思考此人是从什么地方跳楼的，在18层和17层的公共阳台，没有发现异常。

在16楼的公共阳台发现了可疑情况，一是窗户开着，现在冬至刚过不久，阳台的窗户一般都是关着的；二是窗户下面有一个褐色的中型行李箱，很有可能此人就是从这里跳楼的，我让辅警小周在这里保护现场，防止行李箱被他人拿走以及他人破坏现场。

为了防止判断的失误，我们又把其他楼层勘察了一番，没有发现异常。这样就可以肯定地判断16楼公共阳台这里就是此人跳楼的位置了。这个人蹬着这个中型行李箱翻窗跳楼，也可以分析这个人身高应该在一米六左右，中等身材。

过了近一个小时，分局治安支队的民警到了现场，他们勘察完现场，又叫某个医院的救护车到了现场。

他们到了二楼，把包好的尸体放在担架上，用绳索缓缓地把担架拉了下来，放进了救护车。

离开现场，已经是下午2点了，本来饥肠辘辘的我没有了食欲。

后来经了解，此人是因为身患绝症，为了不给家里人增添负担，选择了自杀。

【马后炮】

民警的工作会面对这样极端的现场。生活中，人们往往不会事事一帆风顺，遇到一些挫折和病痛时，希望人们能够理性地面对。这么极端地选择自杀，肯定会给其家人带来心理上的巨大创伤。愿逝者安息吧。

104 这样的年轻人够幼稚的

一个初秋的晚上11点多钟，忙碌了一天的我们已经准备进入夜间工作模式了，作为派出所民警的我，在这个时间段会相对清闲一些。

这个时候，我接到在四环路边儿的一个报警，内容是有人在车里打人。我打过电话去，是一个女孩接的，我问她什么情况。她说是有人在车里打她，我问她：“什么车？是出租汽车吗还是私家车？”她说：“是私家车。”我问她：“认识打她的人吗？”她说不认识……女孩回答得很急促，一副紧张的样子。

情况紧急，我赶快通知巡逻车到现场看看具体什么情况，过了

10 分钟左右，巡逻车带回来一男一女，看上去都很年轻。巡逻车的民警老张没有好气地告诉我："您帮忙处理吧，他们是一对准备结婚的小两口，为了采取什么结婚方式而吵架了，没有打架。"然后，他们就继续出去巡逻了。

我站在他们面前，观察了一下不知所措的两个人，二十三四岁的样子，北京人，长得都挺标致的，我感觉到他们不是踏踏实实工作的人，靠谱的人不会这么没有理智。看到我怒气冲冲的，他们像做错事的孩子，低着头，我问女孩："你不是告诉我，你们之间不认识吗？"她低下头，没有说话。我说："现在就为这么点矛盾吵架，还结什么婚呢？结婚的前景会好吗？"两个人谁也没有说话。

我继续说："你们是成年人，警察能够介入你们这个矛盾吗？你们是未成年人吗？自己没有思维能力吗？"我渐渐提高了声音。

我又说："一会儿，咱们把你们家长，还有领导、同事、同学、朋友一起叫来，我们一起商量讨论一下，你们采取什么方式结婚为好，怎么样？需要不需要？"两个人面面相觑。

僵持了 1 分钟，男孩终于说话："不需要了，对不起了。"

我说："我要是你们家长都发愁，你们什么时候才能够长大？还有，警察是社会资源，知道吗？"

两个人还是没有说话，我大声说："行了，走吧！"两个人急匆匆地从身边儿走了。

【马后炮】

面对个别人的报警确实很难理解。社会应该加大宣传力度，普及什么情况可以报警；什么情况不可以报警。是一个亟待解决的事情。而且，应该对拿报警开玩笑的人采取一定惩罚措施，肯定会起到警示作用。

105 与急诊室医生的沟通

作为一名负责出警的巡逻民警，我们上夜班的确很辛苦，四天一个夜班，头一天下午 5 点接班到第二天早上 9 点交班，在这 16 个小时里负责出警、巡逻、堵卡、盘查等工作，手持的电台一刻也不能离开身边儿。

一个民警曾客观地说，值夜班迷糊的时候也是“半个脑袋”在睡觉，对自己电台的号码，烂熟于心，如同叫自己名字一样深深地印在了脑子里。

一次凌晨 3 点多钟，我开着警车巡逻，车上坐着的一个民警，迷糊着听到电台呼叫我们车组的号码，眼睛都没有睁开，就拿起电台回复道：“16 × ×已经收到，正在赶赴现场。”我回头看见这一幕，不禁笑了起来。

一天凌晨 2 点多钟，我们接到某大医院急诊室的一个报警，内容是病人家属同医生发生纠纷。

我们赶赴医院，进了医院大厅。这里灯火通明，人来人往，根本看不出来是凌晨的样子，尤其是急诊室里面，忙忙碌碌的医生、排队就医的人们，以及发出各种呻吟的病人……医务人员也不容易，他们的工作强度和密度甚于我们。

我们在急诊室里面，找到了报警人，是一个 30 多岁的中年人，带着媳妇儿来就诊。他媳妇儿坐在医生面前，他用手指着医生对我说："您看，我们今天来看病，就是这个大夫，横挑鼻子竖挑眼，这也不是那也不是的，对我们跟犯人一样，我们来看病，不是来受气的。"坐着的大夫对他说："你看看我这么忙，你理解一下，好吗？不好意思呀，你赶快带她化验去吧。"

报警人转身带着媳妇儿出了急诊室去化验了，医生也接着看下一步病人了。

我赶快出了急诊室，追上报警人，边走边问他报警发生了什么矛盾，具体什么情况，他就是说了一句这个医生态度不好，不耐心对待患者，没有发生其他矛盾。我听明白了，回到了急诊室，在门口，看见医生还在忙碌着，给患者看病。

我在门口，耐心地等待着。

这个医生我见过他，他的病人们曾多次因为他们的矛盾而报警，印象中至少有五次了，都是因为他态度不好，让病人及其家属难以接受，每次我们也是来了之后，调解了一下，也就不了了之了。

这次，我想应该彻底地解决一下了。

等了 20 分钟左右，一个病人离开了房间，我走进急诊室，问了这个医生几点钟下班，他告诉我 8 点下班。我说你现在比较忙，沟通不方便，你的病人多次因与你发生矛盾而报警，想同你沟通一下，我 8 点半左右在派出所大厅里面等你。派出所离这里不远，走路也就 5 分钟左右。他看了看我说："好吧。"

忙碌了一夜，早上 8 点半，我在派出所大厅里面见到了刚刚下班换了便服的杨医生。他很诧异为什么我要找他。

我对他说："急诊室医生肯定是非常辛苦的，我也能够理解，可是为什么就你与病人发生矛盾比较多呢？你能够解释一下吗？"

他支支吾吾地没有反驳我。

我接着说："你需要我们找一下你们领导，问问为什么你老同病人发生矛盾吗？"他不解地看着我。

我接着说："看急诊的病人为什么对你的态度这么反感，这么接受不了？你自己有没有责任？"

他说："您这么一说，我思考了一下，的确我有时候比较急躁，态度上不由自主地表现出来，肯定我有责任。"

我说："你看，其他急诊室医生，都没有因为态度不好，让病人报警的。唯独只有你，总是让病人报警寻求帮助，如果再发生类似的报警，我们自然就会找你们领导，想办法从根本上解决了，你看怎么样？"

他客气地说："您放心吧，我一定注意这类问题，咱们都忙碌了一夜了，让你费心了。"

我们沟通得比较愉快，又聊了几分钟，然后他离开了。

关于这位医生的报警，后来再没有发生过了。

【马后炮】

每个人工作都不容易，需要多多理解。己所不欲，勿施于人，应该相互理解，一个成熟的人，心态一定要平和。一个报警，就是一个矛盾，如果同一个矛盾多次发生，一定要想办法从根源上解决问题。我们处置一个报警，应该同医生诊断病情一样，做到"药到病除"。

106 这是家庭暴力吗?

一个夏天的晚上9点多钟，外面正下着倾盆大雨，我们接到在海淀区苏州街地铁站旁边一栋居民楼里面的报警，内容是发生了家庭暴力，请民警来处置。

报警的位置离我们派出所很近，不到200米，就是停车比较麻烦。我们停好车，冒着暴雨跑进了楼道，坐电梯到了八楼，找到了报警的807号房间。刚到门口，就听见里面吵吵嚷嚷的，我敲门，一个身材不高的谢顶的中年男人开了门，我问他："是你报的警吗?"他说是。他把我们让进了屋里，地上是散落一地的大米，桌椅东倒西歪的，屋里一片狼藉，一个狼狈的中年女人站在一旁哭泣着。

报警的先生勉强找地方让我们坐下来，开始向我们说明情况。原来，这两口子是北京人，男士45岁，女士40岁，结婚5年了，没有孩子。结婚后矛盾不断，争吵不断，报警多次了，不少派出所民警来过他们家处置过他们的报警。

我向刚刚停止哭泣的女士问道："发生什么家庭暴力了?"她说："就是他把家里的东西砸了，没有动手打架，就是吵架了。"

我思考了一下他们的这个矛盾，然后语重心长地对他们说："你们两个的确应该思考思考了，这样也不是长久之计呀，要过日子就好好地过，否则就考虑一下散伙吧，虽然说，应该劝你们和好，可你们这样吵，总不能让民警天天来你们家帮助你们解决矛盾吧？你们整天吵吵嚷嚷地打架，不怕影响街坊四邻吗？家丑不可外扬呀！而且，你们也要好好思考一下未来的生活目标是什么，三观合不合，更是需要研究一下，同自己的家里人探讨一下，未来是不是能够一起走下去了？”

他们两个无语了，可是沉默了不到1分钟，两个又互相指着，骂骂咧咧起来。我实在是无奈了，只好把两个人带回派出所，进一步让他们冷静冷静了。

带回派出所的路上，我还苦口婆心地告诉他们，人生苦短，好好思考一下未来。

回到了派出所，民警安排他们在大厅里面坐下来冷静一下，民警不想介入他们的矛盾了。值班的警区民警，大部分都知道他们两个人的情况，也都不愿意同他们多说话，两个人坐在大厅里面，也很无趣了。

过了一个小时，我过去告诉他们：“冷静了？那就可以回家了，未来生活如何选择，是你们自己的事情了，最好不要再报警了。”两个人悻悻地离开了派出所。

【马后炮】

通过初步接触，我感觉这两个人心态都有问题。都属于心智不成熟的人，希望他们过好自己的生活，我们对他们如果选择生活，只有规劝和祝福。会做群众工作，也是民警需要掌握的技能之一。

107 报警管用吗?

一天初秋的早上 7 点钟，我们接到中关村某小区的一个报警称：汽车后备厢里面的贵重物品被盗。民警很快到了现场，见到了报警人，是该小区的一位住户。

根据他的陈述，昨天晚上 10 多钟，他开着自己的奥迪 A6L3.0 回家，把手提包放在了后备厢，结果到了小区后忘了拿出来就直接上楼回家了。今天早上，他正准备开车去单位，从后备厢拿手提包的时候却发现包不见了，后备厢也没有撬开的痕迹。他觉得很蹊跷，因为奥迪 A6L3.0 的安全性很好，后备厢被撬开的可能性不大，估计是犯罪嫌疑人使用汽车解码器作的案（即作案人拿着汽车解码器，在驾驶员下车使用遥控器锁车时，用解码器干扰车锁，使车门无法正常上锁，等驾驶员离开之后，再打开车门实施盗窃）。

据报警人说，手提包里面有一本护照和一些合同等重要文件，自己是某公司老总，今天正是需要拿着这些文件去开会。

民警在现场查看了周边的监控探头，没有发现线索，只得将信息回馈给派出所，然后我们按照工作流程上报，请刑警队来勘察现场，以便进一步工作。

刑警队需要一个小时左右才能够到达现场，民警也只好先把报警人先带回派出所。

这位先生来到派出所后，我在值班室接待了他。这是一位中等个子，40 岁左右的中年男子，穿着十分讲究，给人感觉是位年富力强的成功男士。

他见到我后无奈地摇摇头，我问了他的一些基本情况，告诉他刑警队正在赶来，需要他耐心等待一下，配合我们进一步工作，帮助他挽回损失。他客气地答应了我。

等了一会儿，他对我说，他需要补办护照，希望我给他开一个丢失证明。我马上用电脑打了一份丢失证明，然后又去盖了派出所的公章，递给了他。

在接下来等待的时间里，我问他："手提包里面具体丢了什么?"

他没有好气地说："其实里面还有2万元现金。"

然后他又叹了口气说："我以前也报过警，也是丢了东西，报警之后，警察来勘察现场、记了笔录，然后就没有下文了，案子破不了，还耽误我的时间。所以，我今天只想着把护照补好了，就完事了，丢失其他东西的事情我也不想追究了，希望您能够理解我。我也不是不想要回东西，关键是我报警，管用吗?你们能够破案吗?"我的确无言以对了。

一个小时后，刑警队技术人员到达了现场，勘察取证之后，进入立案程序了，报警人拿好丢失证明也离开了。

【马后炮】

我们离人民群众的期望还有一定差距，想要做好人民警察这份工作的确是任重而道远。即使侦破了几个案子，也不要沾沾自喜，因为我们离"让人民群众满意"这个目标还太远、太远了。在每年年底，我们都要做工作总结，看看工作安排得是否科学合理，群众安全感、满意度到底是多少？按部就班的工作有时也是一种“懒政”。

108 找到遗失物品的人

某年开春的一天上午，一个好心的中年白领马女士在中关村某路口发现了一个遗失在地上的钱包，她捡到后，在路口等了10分钟左右，没有等到遗失物品的人，只好打“110”报警求助民警来处置了。

我们的民警很快到了现场，见到了报警人，她因为有事，将钱包交给了民警就急匆匆地离开了。

民警将钱包交给了在值班室值班的我，我打开这个棕色的名牌钱包看了看，里面有两张100元纸币、三张10元纸币、两张工商银行的银行卡、一张农业银行的银行卡、一张建设银行的银行卡、一张招商银行的银行卡、一张借书卡、一张皱皱巴巴的模糊不清的一代身份证，身份证上面的信息是：苏某，安徽芜湖市人，身份证号码模糊不清，勉强能看出来他是1970年生人，就这些线索了。

如何在这些线索里面找到联系方式？我曾经丢失过钱包，知道当事人着急的心情。

我苦思冥想了一番，一方面，从银行卡着手去查比较麻烦，虽然公安机关可以公对公去查询遗失者的信息，但也要按流程办理相关手续。若口头询问，银行员工肯定不予答复，而且也要到总行去才有权利查询，这样一来，肯定要付出一定的人力物力。另一方面，这个里面现金并不太多的钱包，如果我交出去，被束之高阁的可能性也是存在的。我把蓝色借书卡拿出来看了看，卡上没有照片，倒是有个××157 的号码，我想应该可以从这里着手。我查了一下，发现这张借书卡是中关村图书大厦发行的。

我上网查找到了中关村图书大厦的座机电话并打了过去，没有人接电话。我没有放弃，又打了十几次电话，但都没有人接，我只好安排下午继续了。下午 3 点多钟，我又打了过去，这次终于接通了。我和对方讲述了一下事情原委，让他们帮忙找一下××157 这张借书卡的主人，看是不是苏先生。对方听后告诉我，他们马上查一下，然后给我回电话。

过了 10 分钟左右，他们来电话说他们查到了，的确是苏先生的借书卡，并把他的手机电话号码告诉了我。我同苏先生通了电话，告诉他下午可以来派出所取钱包了。

到这里，我终于松了口气，然后给捡到钱包的马女士打了电话，告诉她我们找到丢失钱包的人了，如果丢失者想对她表示感谢，是否可以把她的电话号码告诉人家。她说："找到丢失者就太好了，这点小事，不值一提!"我对她的拾金不昧表示敬佩。

下午 2 点多钟，苏先生来到派出所，那是一位穿戴整齐，气质不凡的男士。我问他是怎么丢的钱包，他说："就是将钱包放在裤兜里面，骑自行车的时候丢的。"我听了之后，又把捡到钱包的女士的电话号码告诉了他，希望他对她表示感谢，苏先生愉快地答应了。

随后我们又聊了几句，当他知道我是根据借书卡上的信息费尽心思找到他后，又对我表示了感谢，并递给我一张名片，我双手接了过来，看到他是某图书公司的老总。他希望日后在我方便的时候聚一聚，交个朋友，我爽快地答应了。

直至今日，我也没有联系过苏先生，只是他的名片我还保留着，作为这次经历的纪念。

【马后炮】

作为执法者，为了解决群众的问题而不辞辛劳、认认真真工作，是我们应尽的职责和义务，只有这样，我们才能得到群众的认可和爱戴。工作中，我们不应该做“推手”，而是要拿出足够的耐心和爱心为他人排忧解难，急群众之所急想群众之所想，要从这些点滴小事做起。因为工作的关系，我结交了不少好朋友，以诚相待，也是做人的根本原则。

109 姑娘不要糊涂

骄阳似火的一天下午1点多钟，我们接到在北京大学东门的报警，称附近有人打架，情况不明。我们只好到现场查看情况。

到了现场，我们看见围观的人三三两两站在一边儿看热闹，一个年轻的姑娘躺在过街天桥下哭泣，一位50多岁身材魁梧的中年男人满脸愤怒地站在旁边儿。

我过去，对躺在地上（地表温度肯定很高）的姑娘说：“起来吧，这样多不雅观呀，地上肯定也很烫吧？”姑娘抬头看了我一眼，边抽泣边坐了起来，中年男人把她扶了起来，掸了掸她黄色连衣裙上的土。这是个长发披肩、身材高挑、年轻貌美的姑娘，她抬起头来，满脸泪痕，右手不停地抹着脸，左手紧攥着一张餐巾纸。

我问中年男人究竟发生了什么。他无奈地摇摇头，给我讲述了事情的来龙去脉。

原来，躺在地上的姑娘是他的女儿，她是北京某大学在读研究生。前一段时间，她在网络上交了一个男朋友，自称是某公司的高管，某大学研究生毕业，还有留学的经历等，总之说了好多显得自己“高大上”的话。两个人交往了一段时间，姑娘感觉还可以，想继续发展下去。姑娘的父亲知道以后，也想了解一下这位可能是未来女婿的男人，便在网络上联系了他，可是对方就是不说自己的具体工作单位，也不给他看身份证，连他是哪里人、家庭情况等都不说，完全就是一个谜一样的男子。

这位父亲立马觉得女儿的这个男朋友有问题，他怕自己的独生女儿上当受骗，就对女儿说一定要见见这位神秘人物。

经过同女儿多次交涉和协商，女儿终于同意让父亲见见她这位男朋友。

于是今天，三人约好在北京大学东门见面。等见到了人，这位父亲便开始询问小伙子在哪里上班、家住在哪里等几个简单的问题。

然而小伙子不但不回答，还告诉他，他是同他女儿谈朋友，与他无关，希望他不要干涉，还对他横加指责。

两个人话不投机，几句话之后，就动手扭打了起来。这位父亲气不过，便告诉他要报警把他这个骗子送到派出所。

小伙子大概是自知理亏，也有可能本来就是谎话连篇，不敢见到警察，于是在我们出警来的路上就吓跑了，不知道跑到哪里去了。

我听明白了，赶快让这父女两人走到警车旁边，围观的人群渐渐地散去了。

我对姑娘说："你给刚才跑掉的小伙子打一通电话，告诉他，我们在派出所，等他回来解决问题。"

姑娘拿出手机，打了过去，过了1分钟左右告诉我，对方手机关机了。

我思索了一番，对这位漂亮的姑娘说："我也有一个宝贝女儿，所以知道当父亲的肯定是为了女儿好，你要理解他。网络上认识的人一定要深入地了解，起码要知根知底，毕竟网络世界太大了，一些人目的不纯，虚构事实，鱼目混珠，招摇撞骗，经常有一些年轻人上当受骗。如果这个小伙子对你说的都是事实，干吗不敢见人呢？也未必是真心对你好。这个小伙子肯定不对劲，两个人谈恋爱，哪有隐瞒自己具体情况的，这样怎么往下发展呢？他现在就敢同你父亲打架，以后你们一大家子怎么能够和睦相处呢？你自己好好想想吧！"

姑娘点点头。

我继续说："具体来说，在网络上认识一个人，这个人是不是未婚，是不是在'高大上'的地方上班，所说的留学经历是不是真的，是不是通缉犯，这些从外表可是看不出来的，你涉世未深，一定要了解清楚之后再继续交往，这样才是对自己负责。"

姑娘又点点头。

她父亲也在一边儿对她说："谢谢警察叔叔吧，人家说的在理呀。"

姑娘低着头，不好意思地小声说道："谢谢叔叔。"

我说："这是我们应该做的，就是希望今后你更加成熟起来，不要上当受骗。"

她点点头。

我让他们在出警本上签字后便离开了。

在这么炎热的天气，经过这么一番折腾，我们的警服都湿透了。

【马后炮】

网络上鱼龙混杂，在人际交往时需要甄别真假。可怜天下父母心，父母对子女的爱肯定是最无私的，而且也是本着对孩子的未来负责的心态，才这么认真地考察一个人，希望孩子理解父母的良苦用心。人民警察要当好人民群众的"保护神"，对一些胆敢图谋不轨的龌龊小人，绝不能够让他们得逞。

110 持刀的拾荒者

夏天的一个早晨9点钟，我刚刚接班，就接到了一个三级报警称：在苏州街地铁站A出口的自行车露天存放处，有人持刀闹事。事不宜迟，我们赶快赶往现场，看看到底发生了什么情况。

现场距离派出所也就200米左右，我们带好装备，快速走到了这里，找到了报警人——一个戴眼镜的文质彬彬的40岁左右的男子，现场没有看到持刀闹事的情形，这令我很纳闷。

他领着我们走到了存车处的一角，指着地上的一块破凉席以及边上的一卷破纸壳对我说："刚才那个人就在这里拿着刀，你们来之前他走了。"

我连问他："那是什么人，你是干什么的，又看到了什么呢？"

他断断续续地讲述了事情的经过，我才明白这是怎么一回事。

原来，他是这个露天自行车存放处的工作人员，刚才有个拾荒老人走进来坐着，他觉得碍事便去轰他，没想到老人拿出一把水果刀，对着他挥舞起来，还冲他大骂，他只好作罢，吓得报了警，求助民警来处置，目的就是要把这个捡破烂的老人给轰走。

我观察了一下，这个自行车存放处有20多米宽，100多米长，四周是用一米高的铁栏杆围起来的，里面有十几个车棚子，三三两两地存放着几十辆自行车，不少自行车上都覆盖着一层尘土，肯定放了不少时间了，也没有人管理、收费，地上有很多杂物，再加上这里有好几个进出口，人员随便进进出出，感觉像是没有人管理的露天公共场所。

我对报警人说："你们要是把这里管理起来，就算只是管理好进出口，把控人员进出，那还好说，这样，如果拾荒的老人强闯进来我们可以帮助你。可是现在这里本来就可以随便进出，一个拾荒的老人进来影响你们什么了？"

他说："也没有影响什么，我们领导告诉我，就是不能够让捡破烂的进来。"

我说："你把你们领导叫来，我跟他说说。"

他说："那就没有必要了。"

我说："你不要拿警察当警棍用，我们会分析问题的，知道什么应该做，什么不应该做，知道什么是尺度。"

他苦笑了一下，我告诉他："不要惹拾荒者这样底层人民，他们生活不容易，若非无奈，也不会选择这样的生活。如果你们不希望他进来，就管理好这里，好好收拾一下，里面没有东西可捡，他不就不会进来了吗。"

他说："好吧。"

我用电台回复了分局勤务指挥处，我们就离开了。

下午3点多钟，我们又接到了那位报警人的报警，说那个持刀的拾荒者回来了，正在睡觉，请我们去处置。

我们再次来到了现场，与报警人一起走到自行车存放处的一角，看见一位老人正躺在凉席上呼呼大睡，边上放着一瓶二锅头，里面的白酒剩下不多了，边上又多了一些乱七八糟的破烂，估计是老人上午捡回来的。

我近距离观察了一下，这位老人60多岁，精瘦身材，个子不高，头上白发没有几根了，山羊胡子比较长，衣衫褴褛，仅穿着一个破裤衩、一件破衬衣，裤兜里露出了一把红色水果刀的刀把儿。

我挥手，让身后的人小一点声音，然后蹲下来，轻轻摸上水果刀的刀把儿，把水果刀拿了出来。

其实我也很担心，一旦老人醒来发现了我正在做的事儿，肯定也会对我"不客气"的，与我打起来的可能性也很大，毕竟他年纪很大了，可能也没有什么不能失去的了。

结果，老人丝毫没有察觉。外面路人熙熙攘攘，天气酷热难耐，估计老人中午肯定喝了不少二锅头。

我们转身走到了一边儿，我对报警人说：“这个老人就是带回派出所也处理不了，因为他没有触犯法律，只是无家可归才到这里睡觉，也是怪可怜的，你告诉你们领导，把这里围起来，管控一下人员进出，不然这样的事情避免不了，现在这里就算是公共场所，围起来、管理起来，就是属于你们的地方。”

他点点头，我们又过去看了看，这个拾荒的老人还在熟睡。

我们也转身离开了。

【马后炮】

一些报警人，可能明知对方没有犯法，只是想通过报警来达到自己的目的，我们要分析判断该情况是不是属于我们的管辖范围，目的是不是合理正确，对不合理、不正确的要求，要按照我们的工作程序和步骤去做，不受他人的左右。

对拾荒者，地区民政部门做了不少工作，在三九严寒的时候也给他们送过棉被。我们派出所也协助做了不少相应工作，把他们送到温暖、安全的地方，怕他们出现生命危险。也有一些拾荒者选择在城市的角落、立交桥下面、桥洞里面等地方落脚，让我们很无奈，但他们也是社会人员组成的一部分，尊重他们的选择吧。